地球共同体の国際法

松隈 潤

国際書院

International Law for the Global Community

by

Jun Matsukuma

Copyright © 2018 by Jun Mastsukuma

ISBN978-4-87791-294-9 C1032 Printed in Japan

地球共同体の国際法

目　次

序　章　地球共同体の構想 ……………………………………… 9

第1章　司法的解決：共通利益 ……………………………13

　はじめに　13

　Ⅰ　「すべての当事国に対する義務」の履行確保　15

　　1　「すべての当事国に対する義務」の概念　15

　　2　「訴追または引き渡しの義務に関する事件」の検
　　　討　17

　Ⅱ　「共通利益を実現する条約」の履行確保　22

　　1　拷問等禁止条約の履行確保　22

　　2　履行確保の実効性　24

　おわりに　25

第2章　制裁：大量破壊兵器不拡散・テロ対策 ………………29

　はじめに　29

　Ⅰ　包括的制裁における付随的被害　31

　　1　国連と人道的免除措置　31

　　2　包括的制裁措置と国際人権法・人道法　33

　Ⅱ　標的制裁と被疑者の人権　36

　　1　欧州司法裁判所とカディ事件　36

　　2　自由権規約委員会とサヤディ事件　41

　Ⅲ　安保理と人権　45

目　次　5

　　　　1　安保理の権限に対する制約　45

　　　　2　制裁措置の合法性と正当性　46

　　おわりに　48

第3章　武力行使：一般市民の保護　………………………………53

　　はじめに　53

　　Ⅰ　コソボ紛争　55

　　　　1　コソボと人道的干渉　55

　　　　2　国際司法司法裁判所：武力行使の合法性事件　63

　　Ⅱ　非国家主体への対応　66

　　　　1　「新たな脅威」　66

　　　　2　ISIL 等の事例　68

　　Ⅲ　イラク問題　70

　　　　1　イラク問題の諸相　70

　　　　2　イラク戦争　73

　　おわりに　74

第4章　国家報告制度：人権の国際的保障　……………………87

　　はじめに　87

　　Ⅰ　国際人権法における国家報告制度　90

　　　　1　国家報告制度の意義　90

　　　　2　拷問等禁止条約における国家報告制度の概要　92

　　Ⅱ　拷問等禁止条約における日本の第2回定期報告書審
　　　　査概要　95

　　　　1　日本の審査状況　95

　　　　2　拷問の定義および時効　97

3　収容状況等　100

　　4　その他の事項　102

　Ⅲ　拷問等禁止条約に関する主要な懸案事項　103

　　1　質問票先行方式と主要な懸案事項　103

　　2　退去強制　104

　　3　代用刑事施設　106

　　4　取調べと自白　108

　　5　死刑制度　109

　おわりに　111

第5章　国際組織の活動：人間の安全保障　……………… 117

　はじめに　117

　Ⅰ　国連総会決議と「人間の安全保障」　120

　　1　「人間の安全保障」の主流化の歴史　120

　　2　国連総会決議　122

　　3　国連事務総長報告書　126

　Ⅱ　国際組織の基本文書及び実践と「人間の安全保障」
　　　127

　　1　国際刑事裁判所（ICC）　127

　　2　アフリカ連合（AU）　130

　　3　欧州連合（EU）　131

　　4　経済開発協力機構（OECD）　133

　　5　国連難民高等弁務官事務所（UNHCR）　135

　Ⅲ　グローバル・ガバナンスと「人間の安全保障」　138

　　1　グローバル・ガバナンスの理論　138

　　2　「人間の安全保障」の付加価値と課題　140

おわりに 143

第6章　実施確保機関：地球環境の保全 ……………………… 149

はじめに　149

Ⅰ　比較の対象としての GATT の法構造　155

　1　先行研究　155

　2　GATT の特徴　157

Ⅱ　環境条約における実施確保機関の法的性質　158

　1　環境分野における制度化　158

　2　実施確保機関の機能　164

おわりに　171

終　章　地球共同体を目指して　………………………………… 175

あとがき　179

文献一覧　181

初出一覧　187

索引　189

著者紹介　193

序　章　地球共同体の構想

　「地球共同体（Global Community）」を構想することは可能であろうか？

　本書は、Global Community を「地球共同体」と把握し、国際法の発展が将来的に「地球共同体の国際法（International Law for the Global Community）」と評価できるような現象となり得るかという問題意識をもって分析したものである。すなわち、「地球共同体の価値や利益」を保護する法の発展という現象について分析を行うものである。

　国際法の視点から「地球共同体」を論じた先行研究としてはカパルド（Giuliana Ziccardi Capaldo）の研究がある[1]。カパルドは「国家と国際組織が共同で行う国際法強制機能」という観点から、「共通利益と正当性の制度的コントロールの必要から行動する国家」、「共同体の代理人として国連諸機関が行う一般的強制権限」、「国際法強制の統合的システム」について論じている[2]。カパルドは国際秩序が主権国家に対して課す制限という文脈で、個別の国益に比してより大きな価値が認められている一般的利益の観点から、主権国家が集団的意思の実施を許容することを余儀なくされることがある旨論じている[3]。他方、廣瀬は「国家、国際組織、さまざまなサブナショナルな主体（個人も含む）が作り出す、あらゆる種類の下位システムの集合で、そこに何らかの共通の理念が存在するもの」を「世界共同体（world communities/soceities）」と定義したうえで、これと地球環境との相互作用を

一体としてとらえ分析する概念として「地球共同体（global communities/societies）」を提案している[4]。また、フォークはその著書において「地球村（Global Village）」という概念を使用している[5]。

本書において「地球共同体」という用語を用いる際には、国連を中心とする国際組織の発展が、グローバル・ガバナンスにいたる道程を導き、一定の「共同体」と呼びうる実在を伴っていくという認識を前提としている。そして伝統的には国家間関係の規律を中心として発展してきた国際法に関し、今日、法の履行確保に関する集団的な展開ともいうべき現象がみられることに着目するものである。

さて、「地球共同体」の構想に関し、その出発点となると考えられる国際組織に関する研究については、「国際法学的なアプローチ」のみならず、「学際的なアプローチ」も存在している。国際法学の一分野としては、「国際組織法」という学問分野があるが、バウエット[6]、スヘルメルス[7]、高野[8]、佐藤[9]らの体系書がある。また、チェスターマン、ジョンストン、マローンによる資料集[10]は教材として広く用いられている。「学際的なアプローチ」の場合には「国際機構論」と呼ばれることも多いが、ハード[11]、カーンズとミングスト[12]、最上[13]らによる体系書がある。学会としては国連システム学術評議会（The Academic Council on the United Nations System）が学術誌 *Global Governance* を刊行しており、また日本においては日本国際連合学会 が年報『国連研究』を刊行してきている。

本書において「地球共同体」について論じる際、先行研究の基盤がないままに独創的な議論を展開しても学術上、実務上の意義

はないであろう。よって本書は、主として国際組織法、国際機構論の先行研究に依拠しながら、前提的な議論および本書の各章において取り扱う分野に関する「問題の所在」を確認していきたいと考えている。そしてそのような「問題の所在」を出発点として、著者は「地球共同体の国際法」の可能性について考察してみたい。

〈注〉

1 Giuliana Ziccardi Capaldo, 'The Law of the Global Community: An Integrated System to Enforce "Public International Law", *The Global Community Yearbook of International Law & Jurisprudence*, Vol.1, Issue 1, 2001, pp.71-120.

2 *Ibid.*, pp.79-116.

3 *Ibid.*, p.74.

4 廣瀬和子「安全保障概念の歴史的展開―国家安全保障の2つの系譜と人間の安全保障-」世界法年報第26号、2007年、11-13頁。

5 Richard A. Falk, *Law in an emerging global village, a post-Westphalian perspective*, Transnational Publishers, 1998.

6 Philippe Sands Q.C. and Pierre Klein, *Bowett's Law of International Institutions, Sixth Edition*, Sweet & Maxwell, 2009.

7 Henry G. Schermers & Niels M. Blokker, *International Institutional Law, Fifth Revised Edition*, Martinus Nijhoff Publishers, 2011.

8 高野雄一『国際組織法（新版)』有斐閣、1975年。

9 佐藤哲夫『国際組織法』有斐閣、2005年。

10 Simon Chesterman, Ian Johnstone, David Malone, *Law and Practice of the United Nations: Documents and Commentary, 2nd edition*, Oxford University Press, 2016.

11 Ian Hurd, *International Organizations, Politics, Law, Practice, Third Edition*, Cambridge University Press, 2018.

12 Margaret P. Karns and Karen A. Mingst, *International Organizations: The Politics and Process of Global Governance, Third Edition*, Lynne Rienner Publishers, 2015.

13 最上敏樹『国際機構論講義』岩波書店、2016 年。

第1章　司法的解決：共通利益

はじめに

　紛争の平和的解決の手段として、司法的解決の重要性について
は強調すべきであるが、同時に国際社会において十分に利用され
ているわけではないという点も指摘せざるを得ない。国連の主要
機関のひとつである国際司法裁判所は紛争の司法的解決において
主要な役割を担っている国際組織であるが、訴訟当事者資格が国
家に限定されていることから、一定の制約を受けることとなる。
これに対して、「普遍的義務（obligation erga omnes）」という概
念を用いて、「すべての国がその保護に対して法的利益を有して
いるとみなされる権利に対応する義務」を説明することがある。

　たとえば、1970 年のバルセロナ・トラクション事件判決にお
いて国際司法裁判所は「国際社会全体に対する国々の義務は、そ
の本性からして、あらゆる国々の関心事である。問題となる権利
の重要性に鑑み、あらゆる国が、権利が保護されることに法的利
益を有しているものとみなされる。この義務は普遍的義務であ
る」と論じている。そして、この「普遍的義務」の例として侵略
やジェノサイドの禁止、奴隷や人種差別からの保護を含む基本的
人権に関する原則や規則をあげたのである [14]。「普遍的義務
（obligation erga omnes）」は、ラテン語を使用したその言語とし
ての意味からは「すべてに対する義務」と翻訳することができ

る。

　2012 年にベルギーとセネガルの間で争われた「訴追または引き渡しの義務に関する事件」において、国際司法裁判所がベルギーの原告適格を認めた法理論は画期的なものであったとされる。すなわち国際司法裁判所はセネガルが拷問等禁止条約の当事国として「すべての当事国に対する義務（obligation erga omnes partes）」を負っており、そのような義務については個別具体的な法益侵害を受けていない当事国、すなわちベルギーも国家責任を追及することができると判示したものであった[15]。

　ここで「普遍的義務」の概念について検討する際に注意すべき点を明確にしておく必要がある。すなわち、狭義の「普遍的義務」と「すべての当事国に対する義務」の概念を混同してはならないという点である。本章においては「普遍的義務の履行確保」という表現を用いているが、これは本章において検討する万国国際法学会の決議において広義の「普遍的義務」の中に「すべての当事国に対する義務」が位置付けられていることによる[16]。

　本章においては紛争の平和的解決における国際組織の役割について検討したいと考えている。そこで焦点をあてるのは国連の主要機関のひとつとして司法的解決の分野において中心的な役割を担っている国際司法裁判所である。とくに普遍的義務の履行確保という課題について検討を行うが、そのためにまずこれまでの普遍的義務に関する諸事例および学説について、とくに「すべての当事国に対する義務」との関係において検討する。続いて「訴追または引き渡しの義務に関する事件」判決の意義について分析するが、当該事件において国際司法裁判所は拷問等禁止条約を「共通利益を実現する条約」と位置づけている。そこで「共通利益を

実現する条約」としての拷問等禁止条約の一般的な履行確保措置について検討し、普遍的義務の履行確保という課題が内包する問題点を明らかにしていきたいと考えている。

I 「すべての当事国に対する義務」の履行確保

1 「すべての当事国に対する義務」の概念

狭義の「普遍的義務（obligation erga omnes）」について、これを「すべての当事国に対する義務（obligation erga omnes patres）」と峻別する考え方は、国連国際法委員会（ILC）が起草した国家責任条文に示されている。すなわち「被害国以外の国による責任の追及」に関する国家責任条文第 48 条の規定において、その 1 項（a）は「違反された義務が、当該国を含む国の集団に対するものであり、かつ、当該集団の集団的利益の保護のために設けられたものである場合」としており、これが「すべての当事国に対する義務」にあたる。他方、同項（b）は「違反された義務が、国際共同体全体に対するものである場合」としており、これが狭義の「普遍的義務」にあたる[17]。

さて、国際的な学術団体である万国国際法学会（Institut de Droit International）の「普遍的義務」に関する 2005 年の決議はイタリアの著名な国際法学者であり、現在は国際司法裁判所の判事でもあるガヤ（Giorgio Gaja）が報告者となって採択されたものである。

この決議においては、広義の「普遍的義務」の中に「すべての当事国に対する義務」を位置づけている[18]。すなわちその第 1 条において、「普遍的義務（obligation erga omnes）」について万国

国際法学会としての定義を示し、(a)として「一般国際法の下で国家が、その共通の価値と履行確保の関心の見地から国際共同体に対して負う義務であって、当該義務違反がすべての国家に行動をとることを可能とするもの」とし、(b)として「多数国間条約の下で当事国が、その共通の価値と履行確保の関心の見地から他のすべての当事国に対して負う義務であって、当該義務違反がすべての当事国に行動をとることを可能とするもの」としているのである[19]。

万国国際法学会の決議は続けて、その第2条において「国家が普遍的義務の違反を行った場合、義務を負わされているすべての国家は、たとえ違反によって特別な被害を受けていない場合においても責任のある国家に対して、(a)国際違法行為の停止を求め、(b)違反によって特別な被害を被った国家、主体、個人の利益に対する賠償義務を遂行することを請求することができる」とする[20]。

そして、第3条においては、「普遍的義務違反を行ったとされる国家と義務を負っている国家との間に司法的つながりが存在する場合には、後者の国家には国際司法裁判所や他の国際的司法機関に対して義務の履行確保に関する紛争について請求を行う原告適格を有する」としている[21]。

しかしながら、これまで国際司法裁判所において狭義の「普遍的義務」に関連したケースについて審理がなされた際に、「普遍的義務」を根拠とした原告適格は認められてこなかった。

南西アフリカ事件の反対意見において田中判事は人種差別の禁止の問題について検討し、人種差別の禁止は人間の平等の原則に反するものであるから、あらゆる国家に対抗できるとした。これ

は道義的な根拠に基づくとする考え方であったが、南西アフリカ事件においてはエチオピア、リベリアの原告適格は認められていない[22]。

1995年の東ティモール事件判決においても、オーストラリアを相手どったポルトガルの提訴については、インドネシアという第三国の訴訟参加がないことを理由として管轄権が否定されている[23]。すなわち国際司法裁判所においてはこれまで狭義の「普遍的義務」に基づく原告適格が明確に認められたケースは存在しなかったということである。

これに対して2012年の「訴追または引き渡しの義務に関する事件」において国際司法裁判所は拷問等禁止条約の当事国であれば必ずしも直接の被害国ではなくても、原告適格が認められる旨の判決を下した。これは狭義の「普遍的義務」ではなく「すべての当事国に対する義務」の問題を論じたものであるから、区別してとらえる必要性はあるが、国際司法裁判所における一定の進展を示すものであるということもできよう[24]。

2 「訴追または引き渡しの義務に関する事件」の検討

「訴追または引き渡しの義務に関する事件」とは、1980年代にチャドの国家元首であったアブレ大統領政権が行ったとされる拷問等の行為によって被害を受けたとする者たちが、ベルギーの国内裁判所に対して2000年以降、アブレを告訴し、2005年にベルギー予審判事が国際逮捕状を発布したことに端を発している。アブレはセネガルに亡命しており、セネガル当局は一旦アブレを逮捕したが、セネガルの国内裁判所はベルギーの引き渡し要請について判断する管轄権がないとし、ベルギーへの引き渡し手続きが

停止された。2009 年にベルギーがセネガルを相手取って国際司法裁判所に提訴し、セネガルはアブレの訴追または引き渡しの義務を負うと主張したものである。

2012 年、国際司法裁判が本件について下した判決は画期的なものであった。ベルギーがセネガルに対して行った請求の受理可能性を検討し、国際司法裁判所は受理可能であるとの結論にいたったのである。すなわち国際司法裁判所は拷問等禁止条約といった共通利益を実現する条約においては、いかなる当事国であれ、他の当事国の条約上の義務違反に対し国家責任を追及する原告適格があるとしたのである[25]。

セネガルは本件において問題となったチャドの元国家元首・アブレによる拷問等の行為が行われたとされる時点において、ベルギーの国籍を有していた被害者はおらず、ベルギーは法的利益を有していないという点を問題にした。これに対して国際司法裁判所は共通利益を法的利益であるとみなしたわけである。すなわちベルギーは被害国ではないが、拷問等禁止条約の当事国であることから特別の利益を有していなくても原告適格を認めるとしたものである。

この判決に対しては、反対意見や個別意見において異なった見解を提示している判事が複数存在しており、また国家慣行もこのような判決を支持しているとは言い難い面がある。シュエ判事および特任裁判官のシュール判事が反対意見において、またスコトニコフ判事が個別意見において問題提起しているように、拷問禁止委員会の国家通報手続きにしても、国際司法裁判所への提訴の手続きにしてもこれらは義務的なものではない[26]。選択ないしは留保が可能となっている手続きが前提となっている点について考

慮すると、国際司法裁判所の本件判決における論理は成り立たないのではないかという疑問が生じる[27]。すなわち、拷問等禁止条約自体は裁判所が意図しているようなところまで発展した内容を有しているものではないのではないかという疑問である。

シュエ判事は中国国籍を有する判事であるが、その反対意見において、受理可能性の問題について以下の通り論じている[28]。すなわち、チャドのアブレ政権下の拷問による被害者が、その当時においてベルギー国籍を有していなかったことをセネガルは問題視したわけであるが、国籍継続の原則は、外交保護権の事例においてのみ考慮されるわけではなく、国際刑事法においても問題となる。拷問等禁止条約の場合、第5条1項において、「締約国は、次の場合において前条の犯罪についての自国の裁判権を設定するため、必要な措置をとる」とし、同項（c）が「自国が適当と認めるときは、被害者が自国の国民である場合」としているが、これは受動的属人主義に基づくものであり、ベルギーの国内法もこの受動的属人主義に基づいていることから、国際司法裁判所が詳細に検討すべきであった問題は、むしろベルギーの国内裁判所への提訴の際には被害者のうち一名がベルギー国籍を有していたことと、拷問等禁止条約第5条1項の関係であった。ところが国際司法裁判所は「すべての当事国に対する義務」という法理を用いて受理可能性について判断してしまっており、これは条約解釈としても、国際司法裁判所のこれまでの判例理論としても逸脱をしてしまっている。バルセロナ・トラクション事件以降、様々なケースにおいて国際司法裁判所は「普遍的義務」について言及しているが、共通の利益が存在していることのみから、国家に対して国際司法裁判所に請求を行う資格があると判断した事例はな

い。また、本件における「すべての当事国に対する義務」に関する国際司法裁判所の結論は、国家責任の諸規則と合致しない。拷問禁止についてはこれを強行規範であるとみなすことができるが、「訴追または引き渡しの義務」等はあくまでも条約上の規定に過ぎない。共通利益を実現するための条約であるとしても、条約当事国であるという理由のみから、国際司法裁判所に請求を提起する資格は認められないとシュエ判事は主張している。

　スコトニコフ判事はロシア国籍を有する判事であるが、個別意見において述べているところは、国際司法裁判所の判決の論理が正しければ、条約において「オプト・アウト条項」、「オプト・イン条項」は認められないはずであるという点である[29]。スコトニコフ判事はベルギーの請求の受理可能性についてはこれを認める立場であるが、その根拠において多数意見とは異なる考え方を有しているため、個別意見を付しているわけである。スコトニコフ判事はベルギーの請求を受理可能であると判断するうえで、国際司法裁判所はベルギーが国内法に基づいてアブレの引き渡しを要求する刑事手続きを進めている点、セネガルとの間で外交交渉を行っている点に限定して論じることが適切であったのであり、「すべての当事国に対する義務」を根拠に、ベルギーが特別の利益を有している必要はないと判断したのは問題であるとする。国際司法裁判所は拷問等禁止条約第5条1項に照らして、被害者であると訴える者たちの中に、当該犯罪が行われた時点においてベルギー国籍を有する者がいなかったという問題点に関する検討を行っていない。ベルギーも口頭審理の当初においては、「被害国」として訴訟を提起したと主張していたのであり、ただ単に拷問等禁止条約の当事国であるから提訴したということではない。セネ

ガルはベルギーの受動的属人主義に基づく管轄権の行使を争っていたのであり、この点について国際司法裁判所が判断を示さなかったことは問題である。とくに国際司法裁判所の管轄権に関して拷問等禁止条約が留保を認めていることをどのように説明するのかという点について十分な説明がなされていない。また拷問等禁止条約21条の国家通報制度も当事国に対して選択を認める内容である。このような点に関する裁判所の検討、説明が不足しているとスコトニコフ判事は指摘している。

　本件判決に付された反対意見、個別意見等を検討したうえで、「共通利益を実現する条約であるからすべての条約当事国に対して訴えの利益を認める」という考え方を、拷問等禁止条約の起草段階において条約交渉当事国が予定していたであろうかという点について考えるならば、それは疑問であると言わざるをえないであろう。

　国際司法裁判所の判決の後、結果としてはチャドの元国家元首であるアブレをセネガルの国内法に基づきつつ、国際的な支援を得て設置される特別裁判所で裁くという方法がとられることとなった。これはセネガルとAUの協議に基づくものであった。2012年8月になされた合意に基づいて、チャド、EU, AU, 米国その他から資金的な支援がなされることも決まり、2013年に裁判所は活動を開始した。これはセネガルの司法システムの中につくられたが、国際化された混合法廷の例に位置づけることができる。2016年及び2017年の判決でアブレに対する終身禁錮刑が確定した。

　さて、次節においては「共通利益を実現する条約」としての拷問等禁止条約の履行確保措置について検討を行うが、ここで「訴

追または引き渡しの義務に関する事件」において主として争点となった拷問等禁止条約の規定は第6条および第7条であったことを確認しておきたい。

すなわち第6条2項における「～締約国は、事実について直ちに予備調査を行う。」、第7条1項における「～犯罪の容疑者がその管轄の下にある領域内で発見された締約国は、第5条の規定に該当する場合において、当該容疑者を引き渡さないときは、訴追のため自国の権限のある当局に事件を付託する。」といった規定である。

条約当事国による国際司法裁判所への提訴を通じた紛争解決という手法が拷問等禁止条約のあらゆる規定について妥当であるかという点については検討の余地があると言わなければならないであろう。

II 「共通利益を実現する条約」の履行確保

1 拷問等禁止条約の履行確保

「訴追または引き渡しに関する事件」において、国際司法裁判所は拷問等禁止条約を「共通利益を実現する条約」と位置づけたわけであるが、そのような「共通利益を実現する条約」について、国際司法裁判所を通じて紛争解決がはかられるという手法は国際社会においては必ずしも一般的なものではないという点を指摘しておく必要がある。拷問等禁止条約が有している履行確保の制度として、最も基本的なものは国家報告制度である。条約第19条は「締約国は、自国がこの条約に基づく約束を履行するためにとった措置に関する報告を、この条約が自国について効力を

生じた後一年以内に、国際連合事務総長を通じて委員会に提出する。」と規定し、この報告は10人の専門家によって構成される拷問禁止委員会によって検討され、委員会は当該報告について一般的な性格を有する意見であって適当と認めるものを表明することができる。この他、拷問等禁止条約第20条は調査制度を、第21条は国家通報制度を、第22条は個人通報制度を定めている。調査制度に関する第20条1項は「委員会は、いずれかの締約国の領域内における拷問の制度的な実行の存在が十分な根拠をもって示されていると認める信頼すべき情報を受領した場合には、当該締約国に対し、当該情報についての検討に協力し及びこのために当該情報についての見解を提出するよう要請する」と規定しているが、第28条1項に「各国は、この条約の署名若しくは批准又はこの条約への加入の際に、委員会が第20条に規定する権限を有することを認めない旨を宣言することができる」との規定があり、「オプト・アウト」が認められている。第21条の国家通報制度は「この条約の締約国は、この条約に基づく義務が他の締約国によって履行されていない旨を主張するいずれかの締約国からの通報を委員会が受理し及び検討する権限を有することを認める宣言を、この条の規定に基づいていつでも行うことができる」という規定であり、「オプト・イン条項」である。第22条の個人通報制度も「この条約の締約国は、自国の管轄の下にある個人であっていずれかの締約国によるこの条約の規定の違反の被害者であると主張する者により又はその者のために行われる通報を、委員会が受理し及び検討する権限を有することを認める宣言を、この条の規定に基づいていつでも行うことができる」とする規定であり、これも「オプト・イン条項」となっている。第30条は紛争

解決に関する規定であり、第1項は「この条約の解釈又は適用に関する締約国間の紛争で交渉によって解決することができないものは、いずれかの紛争当事国の要請により、仲裁に付される。仲裁の要請の日から6カ月以内に仲裁の組織について紛争当事国が合意に達しない場合には、いずれの紛争当事国も、国際司法裁判所規程に従って国際司法裁判所に紛争を付託することができる」と規定しているが、第2項において「各国は、この条約の署名若しくは批准又はこの条約への加入の際に、1の規定に拘束されない旨を宣言することができる」としており、「オプト・アウト」が認められている。すなわち、拷問等禁止条約が有している履行確保の制度はその多くが国家による選択を認めるものであり、その意味でこの条約における最も基本的な履行確保制度は国家報告制度であることが確認できる。「共通利益を実現する条約」であるからといって、国際司法裁判所等の国際的な司法機関を通じての紛争解決手続きや国家通報手続き等義務化されているわけではないのである。

2　履行確保の実効性

それでは、国家報告制度という基本的な履行確保措置は実効性を有しているのであろうか。拷問等禁止条約における国家報告制度について、ヨーロッパ諸国を中心に8つの事例を比較検討したマクイッグの先行研究においては、そのうち4例については拷問禁止委員会の総括所見が実質的な影響を当事国に対して与えているが、2例については、影響は限定的であり、2例についてはほとんど影響を与えていないという結論が示されている[30]。上記研究において、拷問禁止委員会の総括所見が当事国に対して実質的

な影響を与えたと評価されているのはノルウェー、オランダ、ポルトガル、スウェーデンである。影響が限定的であったとされているのはデンマークとチェコの事例である。これに対してほとんど影響を与えていないと評価された2例はアイスランドとルクセンブルグに関するものである[31]。アイスランドについては2003年の第一回定期報告書審査において拷問禁止委員会によって提起された諸点、すなわち拷問犯罪の国内法化、拷問による証拠獲得等の問題点について、2008年の第二回定期報告書審査においても改善がみられないとの指摘がなされている[32]。またルクセンブルグについては、2002年および2007年に定期報告書審査がなされているが、刑務所における未成年者の分離、独房監禁等の問題について改善がみられないとされている[33]。総括所見が問題点として指摘しているような事項の多くは、「訴追または引き渡しの義務に関する事件」が提示したような国際司法裁判所等を通じた紛争解決手続きにはなじまないものであることも明らかである。

おわりに

普遍的義務の履行確保においては、その基礎となっている「国際共同体全体（international community as a whole）」という概念が鍵となってくると考えられる。この概念は本書が検討する「地球共同体」の概念とも重なるものである。多数国間条約によって形成された特定の共同体である場合には、これが「すべての当事国に対する義務」の履行確保の問題となるわけである。「共通の利益を実現する条約」において、当事国はこの「共通の利益」を保全するために他の当事国に対して条約の履行確保を要

求することとなるが、これは伝統的な国際法が想定してきた国家間関係とは異なるものであると言うことができる。

　たとえば人権に関する条約が侵害された場合には、直接の被害国が存在しないというケースも想定できる。重要な争点は、このような普遍的義務についてどのように履行確保をはかっていくことが適切であるのかという点である。本稿において検討した「訴追または引き渡しの義務に関する事件」において、紛争解決の観点からは国際司法裁判所が拷問等禁止条約の当事国としての原告適格を認めたことは一定の進展であると評価することもできる一方で、これに付された反対意見、個別意見の示す見解は、今日の国際社会においては妥当性を有しているようにも見える。

　普遍的義務の履行確保について、人権に関する条約の中には国家通報制度がそのような機能を果たすものとして期待されている例もあり、また国際刑事法においては個人の責任追及というかたちでその実現をはかっているとされる。この観点から人道に対する罪を裁くという考え方は大変に画期的なものであると言うこともできるが、普遍的義務全体を対象としているものではないという限界もある。

　普遍的義務の履行確保に関して、現段階では各主権国家の自主的な国内法制度の改善等によるところが大きいことが、国際社会の現状であると同時に限界であると言わなければならないであろう。

〈注〉

14　Barcelona Traction, Light and Power Company, Limited (Second Phase) (Belgium v. Spain), ICJ Reports 1970.

第 1 章　司法的解決：共通利益　27

15　Questions Relating to the Obligation to Prosecute or Extradite (Belgium v. Senegal) Merits, 20 July 2012.

16　Institut de droit international, Resolution, "Obligations erga omnes in international law," adopted on August 27, 2005, Krakow Session.

17　James Crawford, *The International Law Commission's Article on State Responsibility: Introduction, Text and Commentaries,* Cambridge University Press, 2002, pp.277-278.

18　Institut de droit international, *op.cit.*

19　*Ibid.*, Article 1.

20　*Ibid.*, Article 2.

21　*Ibid.*, Article 3.

22　South West Africa Cases (Second Phase)(Ethiopia v. South Africa; Liberia v. South Africa), ICJ Reports 1966.

23　East Timor (Portugal v. Australia), ICJ Reports 1995.

24　Questions Relating to the Obligation to Prosecute or Extradite (Belgium v. Senegal) Merits, 20 July 2012.

25　*Ibid.*at para 68.

26　Dissenting Opinion of Judge Xue, Dissenting Opinion of Judge Ad Hoc Sur, Separate Opinion of Judge Skotnikov.

27　Sangeeta Shah, Questions Relating to the Obligation to Prosecute or Extradite (Belgium v Senegal), *Human Rights Law Review* 2013, p.8.

28　Dissenting Opinion of Judge Xue, paras 2-23.

29　Separate Opinion of Judge Skotnikov.

30　McQuigg, Ronagh, "How Effective is the United Nations Committee Against Torture?" *European Journal of International Law,* Vol.22, No.3, 2011, pp.813-828.

31　*Ibid.*

32　*Ibid.*, pp.825-826.

33　*Ibid.*, pp.826-827.

第2章　制裁：大量破壊兵器不拡散・テロ対策

はじめに

「地球共同体」について構想する際には、集団安全保障の問題について、軍事的強制措置に関わる諸問題と併せて、経済制裁を中核とする非軍事的強制措置についても検討しておくことが重要であろう。

第一点として包括的制裁については、とくに対イラク経済制裁措置に関連して活発に議論が展開された「包括的制裁における付随的被害」の争点がある。対イラク経済制裁措置は武力紛争の過程の中で採用された措置であったが、国際赤十字委員会の見解によれば、「武力紛争の文脈の中で設置されたいかなる制裁レジームも国際人道法によって規律され、それは一般市民の生存と本質的な必要が確保されることを要求する」とされる[34]。この観点から、国際人道法による経済制裁措置に対する人道的制約に関する議論が行われたのと同時に、国際人権法の適用も排除しないという理解から、国際人権法・国際人道法の両者を用いて経済制裁措置の合法性を評価する試みが行われてきた[35]。

伝統的には二つの異なった法体系であると考えられてきた国際人権法と国際人道法であるが、実務においては補完的に適用されている[36]。この争点については、一般的に自由権に焦点があてら

れた検討が行われてきており、社会権に関する先行研究は必ずし
も多くはない。赤十字国際委員会は、国際人権法と国際人道法の
補完的な適用において重要な分野として、「占領下における社会
権の適用」の問題がある旨指摘している[37]。武力紛争は社会権の
享受に対して重大な影響を与えるが、その際に人道的側面に焦点
があてられる理由は、人道法が教育、保健、食糧を含む人道物資
の供給等に関する義務について、詳細な指針を有しているためで
ある。社会権委員会の一般的意見といったかたちで、追加的な指
針が詳述されるといった現象もみられる。また、戦時における文
民の保護に関するジュネーブ条約第6条は、「この条約は占領地
域内においては、軍事行動の全般的終了の後1年でその適用を終
わる」と規定しているが、占領者が引き続き国家的な機能を行使
している場合においては人権法が保護の間隙を埋めることとな
る。

　第二点として、検討すべき課題は包括的制裁から標的制裁への
制裁レジームの変容という現象である。関連するケースの中で、
制裁と人権に関する諸課題が検討されていることは注目に値す
る[38]。

　本章においては「包括的制裁における付随的被害」および「標
的制裁と被疑者の人権」について論じ、また、両者が共通に提起
した争点が「国連安保理決議と人権の関係」に収斂することか
ら、この争点についても検討したい。

Ⅰ　包括的制裁における付随的被害

1　国連と人道的免除措置

　包括的制裁における付随的被害の争点について、対イラク経済制裁措置に付随した人道的被害は1990年代から長く国際社会において議論されてきた問題である。

　湾岸戦争後、デクエヤル国連事務総長はアハティサーリ国連事務次長をイラクの人道状況調査のために派遣し、1991年3月20日に安保理に提出された報告書は人道物資の不足した状況を「終末に近い状態」と形容した[39]。1990年8月に対イラク経済制裁を実施した決議である安保理決議661は主文3（c）において「厳密に医療目的のもの及び人道上の事情がある場合の食糧を含まない」という表現ですでに人道的免除措置を導入していたが、戦闘行為に加えて包括的経済制裁措置が与えた影響は顕著なものであった。対イラク経済制裁措置の継続を決定した安保理決議687は主文20において「決議661に定めるイラクに対する産品または医薬品及び保健医療資材を除く製品の販売または供給の禁止およびこれに関連する金融取引の禁止は、決議661により設置されたイラクとクウェートの間の事態に関する安全保障理事会の委員会に通報された食糧、または1991年3月20日付の事務総長の報告もしくは同委員会による人道上の必要性に関するさらなる検討結果において明らかにされた不可欠な民生用の必要を満たすための物資及び資材であって、簡素化され迅速化された異議なし手続きのもとで同委員会による承認を得たものには適用されないことを決定する」とし、人道的免除措置の強化をはかったが、実際的

な人道上の要請に到底こたえることができないものであった。

このため、デクエヤル事務総長はさらにアガ・カーン代表による調査団をイラクに派遣し、1991年7月に安保理に提出された報告書は後にオイル・フォ・フード・プログラム導入の契機となった[40]。1995年の安保理決議986以降、拡充された人道的免除措置としてのオイル・フォ・フード・プログラムが機能し始めるが、その運営期間中、プログラムは640億ドルのイラクの石油歳入を運用し、イラクの人口の約60％に対して主要な生活維持の源泉となり、子どもの栄養失調率については1996年と2002年を比較した場合には50％程度削減したといった肯定的評価が国連によって行われている[41]。他方、NGO等、国際社会における諸団体から、「イラクにおける国内の分配に関する諸問題も要因となり、『最も被害を受けやすい社会集団』に対して重大な付随的人道的被害を与えた」という厳しい指摘もなされている[42]。

本件は具体的な訴訟案件として司法審査が行われたものではない。「付随的人道的被害」の問題は、これまで国連等の実務的なフォーラムにおいて、あるいは学術的なフォーラムにおいて活発に議論がなされてきた。そのため、本件に関する議論は、合法性に関する議論に収斂されず、むしろ正当性に関する議論へと拡散してしまった側面があり、国際法の議論として緻密な議論がなされてきたとは言えない。

国連総会はガリ国連事務総長による「平和への課題　追補」を受けて1997年の決議51/242において、「国連によって課される制裁の問題」と題する文書を採択した[43]。そこでは国連憲章24条2項「安全保障理事会は、国際連合の目的及び原則に従って行動しなければならない」に言及しつつ、「制裁による付随的損害

を最小化することができるように人道的免除措置を導入すべきであること」、「制裁に対する人道的制限という概念はさらなる検討を必要とし、関連する国連機関によって標準的なアプローチが詳細に練られるべきこと」を提言している。

この文脈で「制裁に対する人道的制限」について国際人権法・国際人道法の観点からこれまで様々な議論がなされてきた。国連憲章第7章に基づく措置をとる場合においても国連の目的としての「人権の尊重」を著しく損なうことがないようにする義務があるとして、様々な分析が行われてきたわけである。

2 包括的制裁措置と国際人権法・人道法

包括的制裁措置と国際人権法・人道法の関係については、様々な法的文書において分析がなされている。以下、いくつかの例について検討したい。

まず、「生命に対する権利」に関する自由権規約委員会の一般的意見6は「飢餓や伝染病を撲滅する措置をとることにより、幼児死亡率を減少させ平均寿命を延ばすための積極的な措置を締約国がとるべき」義務を指摘した[44]。このことから、包括的経済制裁措置に伴う付随的人道的被害の問題に対して、「生命に対する権利」から国際人権法違反を主張することができるのでなないかという議論がなされた。

続いて、社会権委員会は一般的意見8として「経済制裁と社会権の尊重の関係」について論じている。そこで社会権委員会は「制裁を課す側の義務として3つの結論が導き出される」とし、「制裁レジームの策定において社会権が十分に考慮に入れられるべきこと」「実効的な監視制度が必要であること」「制裁対象国内

の付随的人道的被害に対して個々にまたは国際的な援助および協力、とくに経済上及び技術上の援助及び協力を通じて行動をとる義務があること」を指摘している[45]。

社会権委員会はさらに一般的意見12と14において、それぞれ社会権規約の11条と12条に関し、「締約国はいかなる場合においても、食糧禁輸措置や他国における食糧生産・食料へのアクセスを危険に陥れる同等の措置をとることを控えるべきである」[46]、「締約国はいかなる場合においても医薬品・医療機器の禁輸措置や他国における医薬品・医療機器の供給を制限する同等の措置をとることを控えるべきである。そのような物資に関する制限は政治的・経済的圧力を行使する手段として用いてはならない」[47]と結論している。

国連が実施する経済制裁措置に対する国際法の適用の問題については、学会においても重要な争点として様々な研究、検討がなされている。リースマン（M.Reisman）とステヴィック（D.Stevick）は、安保理が経済制裁措置を行うにあたって遵守すべき原則を提案している。そこにおいては、国際人道法上の原則を参考としつつ、必要性の原則、均衡性の原則、戦闘員・非戦闘員の区別の原則等の諸点を例示している[48]。

2000年に国連人権委員会を経て経済社会理事会に提出されたボシュイ（Marc Bossuyt）による「人権の享受に対する経済制裁の否定的影響に関する報告書」は、国連憲章24条、1条3項について論じ、また「生命に対する権利」、「安全、健康、教育、雇用」等の人権法の観点から論じている。国際人道法の適用に関しては、マルテンス条項、ハーグ陸戦法規50条、ジュネーブ第4条約21条、22条、23条、ジュネーブ条約第一追加議定書54条、

第2章　制裁：大量破壊兵器不拡散・テロ対策　35

70条、第二追加議定書14条等の適用について論じている。さらにパラグラフ71以下において、同報告書は対イラク制裁について、論争を生じた分析を行っている。すなわち「対イラク制裁レジームは既存の国際人道法、国際人権法のもとで明白に違法である」とし、ジェノサイド条約に言及している。また、国際人道法の適用として、ジュネーブ条約第一追加議定書54条1項の「戦闘の方法として文民を飢餓の状態に置くことは、禁止する」をあげ、さらにマルテンス条項の「公共良心の要求」をあげて制裁を違法であると論じている[49]。

　対イラク経済制裁措置に関しては、この他、その付随的人道的被害の重大さから経済制裁措置の違法性をうったえる議論が学会レベルにおいて活発に展開された。たとえば、そのような研究は武力紛争と関連して実施された経済制裁措置について国際人道法の適用を主張し、ジュネーブ条約第一追加議定書54条1項や同第二追加議定書14条における「戦闘の方法として文民を飢餓の状態に置くこと」に関する禁止が強行規範であると主張し、あるいは第一追加議定書57条（b）等を参照しつつ、文民の付随的被害に対する均衡性の原則の適用を主張する[50]。そのような議論においては、同時に生命に対する権利、子どもの権利といった国際人権法の適用についても検討がなされている。国際人道法と国際人権法の相互関係については、今日、補完主義の考え方が主流であると考えるが、「包括的制裁措置」については、補完主義の立場から議論が展開されてきたように思われる。

　さて、このように「包括的制裁措置」については、とくに1990年代以降、学会レベル、実務者レベルにおいて活発な議論が展開されてきたが、具体的な訴訟案件ではなかったことから、

判例法による議論の精緻化といった作業は行われてこなかった。むしろ経済制裁の正当性に焦点をあてた政策論が中心となり、ひとつの成果としてはストックホルムプロセス、インターラーケンプロセス等を通じて、いわゆるスマート・サンクションへの制度設計が行われていった[51]。

II 標的制裁と被疑者の人権

1 欧州司法裁判所とカディ事件

さて、「包括的制裁」から「標的制裁」への移行については、これまで説明したように、国際人道法において問題とされる付随的人道的被害が経済制裁の実施方法の変容に影響を与えたという意味において、人道法の強い作用をみることができる。また、「標的制裁」の実施過程においても人道的免除措置の概念は重要な意味を付与されることとなった。

ここで検討する欧州司法裁判所におけるカディ事件[52]においても、2002年12月の安保理決議1452によって、「制裁委員会への通知と同意のもとで資産凍結に対し、一定の人道的免除措置が容認される」こととなり、2003年にはEUも「共通の立場」とEC規則を修正し、食糧、医薬品および法律的費用等に関する人道的免除措置を容認したことが基本的権利の侵害について検討を進めるにあたって、重要な要素であるととらえられている。

さて、本件において、カディ側の主張は、「テロ支援行為にまったく関与していないにもかかわらず、国連の制裁委員会のリストに2001年10月にリストアップされ、続いてEC規則467/2001の付属書にリストアップされたこと等により、基本的

権利である財産権、公正な聴聞を受ける権利、実効的な司法審査を受ける権利等を侵害された」とするものであった。

すなわち、ここで問題となっている EU の共通の立場とは「国連憲章 7 章のもとで採択され、すべての国家に対し、制裁委員会の決定に基づき、オサマ・ビン・ラディン、アルカーイダ、タリバンと関連のある個人や団体の資産を凍結する措置を要求した関連安保理決議を実施するために採択された」ものであるが、カディ側はこの共通の立場を実施するための EC 規則の無効を訴えたわけである。

英国の代表的な国際法学者として、また様々な国際裁判における代理人としての活躍によって著名であったブラウンリー（Ian Brownlie）が代理人となったカディ側の主張は、「加盟国の憲法によって規定され保障された基本的人権、とくに欧州人権条約に含まれる基本的人権は共同体法秩序の一部をなしている」が、本件においては「欧州人権条約第一議定書の 1 条における財産権、EC 裁判所の判例法に基づく公正な聴聞を受ける権利、欧州人権条約 6 条および EC 裁判所の判例法に基づく実効的な司法審査を受ける権利が侵害された」というものであった。

これに対して欧州委員会は「その権限領域においては、国際法によって法的義務として国連憲章 7 章のもとで採択された安保理決議に効果を与える義務が存在する」と主張した。また EU 理事会は「欧州司法裁判所がこの点において管轄権を有すると主張することは国際の平和と安全の維持という機能を実施する安保理による義務的な措置に対する間接的かつ選択的な司法審査につながり、EC の国際関係に否定的な影響を与える」と主張した。すなわち理事会は裁判所による国連の措置の間接的審査は国連システ

ムの機能を侵害すると論じたわけである。これに対してカディ側は二元論的アプローチをとり「共同体の法秩序は独自の法規則によって支配される、国連からは独立した法秩序である」と主張した。

2005 年の EC 第一審裁判所の判決[53] においては、慣習国際法と国連憲章 103 条の検討から、「国連憲章のもとにおける EU 加盟国の義務は他のいかなる国内法、国際法上の義務にも優先し、それは欧州人権条約や欧州共同体条約上の義務も含む」と判断された。そして「EC は加盟国が国連憲章のもとにおける義務を履行するために必要な措置をとる義務を欧州共同体条約によって負っているとされた。このように第一審裁判所は EC 法が拘束力ある安保理決議よりも下位にあるとしたため、基本的人権の保護に関連する原則であっても EC 法の原則に基づいて当該安保理決議の審査を行うことは不可能であると判断した。すなわち「EC 法の観点から安保理決議の司法審査を行うことは間接的であっても第一審裁判所にはできない」という結論になったわけである。

ところがパラグラフ 226 以下にあるように、続いて第一審裁判所は「裁判所は強行規範に関して、当該安保理決議の合法性を間接的に審査する権限を有する」とし、国連憲章自体がとくに個人の基本権保護という国際法上の義務的な原則の存在を前提としているとして、国連憲章の前文、第 1 章、24 条 2 項等に言及している。本件について、第一審裁判所は結論としては強行規範に関する違反はないとしたわけであるが、「財産権と比例原則」違反の主張を検討するに際して、前述の安保理決議 1452 を実施するために採択された EU の「共通の立場」2003/140 と EC 理事会規則 561/2003 に言及し、「生活必需費用」に関する免除が認めら

れていることを重要な要素として指摘して、「このため当該措置は対象者を非人道的あるいは品位を傷つける扱いのもとに置くことを目的とするものではないし、そのような効果も生じてはいないことは明確である」と判断していることが注目される。

さて、本件に関し 2008 年 1 月にマドゥーロ法務官が提出した「意見」[54] は、「国際の平和と安全の維持に必要な措置であるという主張は、EC 法の一般原則を沈黙させ、個人から人権が剥奪されるように作用することはできない」とする。マドゥーロ法務官は、「欧州司法裁判所の判決の法的効果は EC の法秩序の中に限定されるものであり、判決が EC および加盟国の安保理決議履行を妨げるとするならば、国際法秩序におけるその法的帰結は国際公法の規則によって決定される」と主張した。すなわち国際法とEC 法について二元論的な主張をしたわけである。そのうえで本件についてマドゥーロ法務官は財産権の侵害、公正な聴聞を受ける権利、実効的な司法審査を受ける権利の侵害を認め、EC 規則は原告に関する限りにおいて無効とされるべきであると主張した。とくに財産権の侵害については、「人道的免除措置を考慮してもその帰結は潜在的に破壊的であり、テロ行為を防止するために必要とされる措置であるとしても、その措置を正当化し、本件においてその均衡性を具体的に示すためには、手続き的防御手段の存在が必要とされる」とした点が注目される。

上級審としての欧州共同体裁判所もまた二元論的な立場をとっている [55]。裁判所は「国連憲章 7 章のもとで安保理によって採択された決議の審査は、当該決議と強行規範の整合性の検討に限定するとしても、行わない」とする。しかしながら、「裁判所がそのような決議を実施するための EC の措置が共同体法秩序におけ

る高次の法規範に抵触すると決定することは、当該決議の国際法における優先性に対する異議を伴うものではない」とした。よって、「裁判所はEC条約によって付与されている権限に従って、共同体法の一般原則と不可分の一体を成している基本的権利に照らして、本件規則のように国連憲章7章のもとで安保理によって採択された決議を実施するために考案されたような共同体措置をも含むすべての共同体行為の合法性審査、原則として全面的な審査を確保しなければならない」とする。

　そのうえで裁判所は基本的権利の侵害について審査しているが、財産権の侵害に関する検討の中で、安保理決議1452を実施するためのEC理事会規則に言及し、「人道的免除措置の存在等から財産権に対する制約が原則的には正当化できる」としているが、結論としては、救済措置に関する手続きを欠いていることから、財産権に対する不当な制限を認めるという論理構成をとったことが注目される。

　また、安保理決議に基づく対テロ措置としての資産凍結措置という国際的に重大な影響を与える問題を背景に有する本ケースにおいて、本判決は、判決時から3カ月間は原告に関する現行処分の効力を維持するというものであった。実際的な対応として、EUはこの期限内に本判決において基本権違反とされた手続きをやりなおし、「2008年11月にカディ側から受け取ったコメントを慎重に検討し、資産凍結の予防的性質から、欧州委員会はカディのアル・カーイダ・ネットワークとの関係を理由として、制裁対象者リストに掲載することが正当化されると考える」という結論にいたるというかたちで処理を行ったことは注目に値する[56]。

　カディ事件については、この後、2010年および2013年にも判

決が出ており、これらのケースは Kadi II とも呼ばれる[57]。2008年判決（Kadi I）後、安保理も制裁手続きについては、いくつかの改善措置をとり、その中には安保理決議 1904 によるオンブズパーソン制度の導入も含まれていた。しかしながら、EU においてカディの資産は凍結されたままであった。このため、カディ側が再度、欧州司法裁判所に訴えたのである。

　これらの訴訟においてカディ側は勝訴した。2012 年には安保理は「オンブズパーソンを通じて個人から提出された制裁対象者リストからの削除要求を検討した結果」として、国連の制裁対象者リストからカディを削除し、EU も制裁を解除した。また米国財務省による制裁対象者リストからも 2014 年にはカディは削除されている。

2　自由権規約委員会とサヤディ事件

　さて 2008 年 10 月に自由権規約委員会はサヤディ事件に関する見解を採択した[58]。本件はベルギー国籍でベルギーに居住し、アメリカの NGO のヨーロッパ事務所を運営していた夫妻が安保理決議に基づく制裁レジームの対象とされたことから、ベルギーおよび EC の措置に基づいて資産凍結、国境を越える移動の禁止等の制裁措置の対象となったケースである。

　サヤディらが制裁対象者リストに掲載された背景には、2002年にベルギー国内において、同人たちに対する捜査が行われ、ベルギー政府が制裁委員会に対して、同人たちが制裁リストに掲載されている NGO のヨーロッパ事務所の職員である旨を通報したという事実がある。

　また、2005 年にはサヤディ側がベルギーの国内裁判所におい

て「ベルギー政府が原告らの制裁対象者リストからの削除を制裁委員会に対してはたらきかけること」を内容とする判決を得、これを受けてベルギー政府は制裁委員会に対してそのようなはたらきかけをしたが、制裁委員会は拒絶したという経緯がある。

　人道的免除措置との関係で興味深い点は、安保理決議1452に基づく人道的免除措置についてベルギー政府が告知をしなかったために、2003年2月まで通報者がその制度について知らなかったことが問題点として指摘された点である。

　本件について結論として自由権規約委員会はベルギー政府が自由権規約12条について違反したことを認定し、また、自由権規約17条についても違反を認定している[59]。12条については、「移動の自由」が問題となっているわけであるが、人権に対する制約を判断する際に自由権規約委員会は、12条3項に従って「国の安全、公の秩序、公衆の健康若しくは道徳又は他の者の権利及び自由を保護するために必要であるか」といった諸要素を勘案している。この点については、サヤディらに対するベルギー検察当局による刑事訴追の動きが2005年には取り下げられていることや、前述の通り、ベルギー政府自身が同人等の制裁対象者リストからの削除を制裁委員会に対してはたらきかけたことからも、同人等が国家の安全に対する脅威とはなっておらず、人権の制約を正当化する根拠がないことを重視する。また、本件においては安保理決議が根拠となっているわけではあるが、自由権規約委員会は「安保理決議を実施するために国家がとった措置について、その自由権規約との整合性を判断すること」については、委員会はその権限として有しているという前提に立っている。そして、ベルギー政府が制裁委員会に対してサヤディらの氏名を通報したタイ

ミングがあまりにも早く、同人等が聴聞を受ける前であったこと
を問題視する。この点でベルギー政府に責任があると判断してい
るわけである。

17条については「私生活・名誉および信用の尊重」に関する
規定であるが、同人等が制裁委員会のリストに掲載された結果、
住所等の情報が一般に公開されたこと等を問題視する。本件にお
いては、ベルギー政府による制裁委員会への通報が原因となって
いるわけであるが、通報の時期が早すぎたという点においてベル
ギー政府の責任があるとする。そして、本件において名誉および
信用に対する不法な攻撃が行われており、17条に違反している
と結論しているのである。

本ケースでベルギー政府が主張したのは、原告らの「制裁対象
者リスト」掲載手続きは国連憲章7章のもとにおける安保理決議
によるものであるから、国連憲章103条により、国連憲章に基づ
く義務が自由権規約に基づく義務に優先するというものであっ
た。自由権規約46条は「この規約のいかなる規定も、この規約
に規定されている事項につき、国際連合の諸機関及び専門機関の
任務をそれぞれ定めている国際連合憲章及び専門機関の基本文書
の規定の適用を妨げるものと解してはならない。」と規定してい
る。本件に対する自由権規約委員会の見解は国連憲章103条につ
いては言及せず、パラグラフ10.3において「本件は安保理決議
の実施において国家によってとられた国内措置について自由権規
約との整合性を判断するものであるから、自由権規約46条が関
連する問題ではない」としている。

この点に関しては、自由権規約委員会の諸委員から様々な個別
意見が付されている。ウエッジウッド委員は、自由権規約委員会

は安保理決議を審査する管轄権を有さず、安保理の決定に従った国家を罰することはできないとしている。シアラー委員は本通報は根拠のないものとして却下すべきであったとし、自由権規約委員会の見解が自由権規約と国連憲章を同位のものと位置づけていることは問題であり、またカディ事件と比較した場合に、本件におけるベルギーの位置づけは同事件における欧州委員会、EU理事会等とは異なると指摘している。岩沢委員は自由権規約委員会の見解が国連憲章103条に関する議論を詳細に展開していないことには同意できないとし、国連憲章24条、1条3項、55条（C）、25条を参照しつつ、国連憲章103条は本件においては自由権規約委員会が当該見解の結論にいたることを妨げるものではないとしている。ロドリー委員は安保理決議の法的有効性を審査する際に有益な基準について言及し、安保理は安保理決議にそった措置がとられるときに人権侵害が行われることを意図していないこと、強行規範の違反は意図されていないこと、「いかなる逸脱も許されない権利」の侵害は意図されていないこと、「逸脱可能な権利」の制限の場合にも必要性と均衡性の原則が適用されること等をあげている。

　本件の場合、2009年7月20日に国連の制裁委員会が制裁対象者リストから、サヤディ夫妻の削除を決定したことも特筆すべきことである[60]。

Ⅲ　安保理と人権

1　安保理の権限に対する制約

　さて、本章においては「包括的制裁における付随的被害」の問題と、「標的制裁と被疑者の人権」の問題を検討してきたが、両者に共通する国際法上の重要な争点として、「安保理は国際人権法・国際人道法に拘束されるのか」という問題が存在している。

　安保理は国連の主要機関のひとつであるが、それ自体は国際人権条約・国際人道条約の当事者ではない。また、国際法の議論として、伝統的には、主として国家が、人権を保障したり、あるいは侵害したりする当事者であると考えられてきた。しかし今日、国際組織が特定の分野においては国家に類似するような機能を果たすようになってきており、このような観点から「安保理は国際人権法・国際人道法に拘束されるのか」という争点について検討することが実務上も重要な課題となってきているのである。

　「安保理が国際人権法・国際人道法に拘束される」という立場に立つならば、その根拠としては「国連憲章の目的及び原則および国連憲章 24 条から自明である」と論じることがひとつの理論化の可能性であろう。あるいは「安保理をその主要機関のひとつとしている国連が慣習国際法の拘束を受けるに足る国際法人格を有する」ことを前提として、そこから安保理と国際人権法・国際人道法の関係を理論化することもできるであろう。さらに、すべての国家が一定の国際人権法・国際人道法に拘束されているという理解に立つならば、安保理のマンデートのもとで行動する場合にも、すべての国家はその義務から免れることはできないと論じ

ることもできよう。ただし、そこにおいては、これまでの検討において指摘したように、国連憲章103条の「憲章義務の優先」との関係が問題となるケースも存在するわけである。

さらに検討すべき課題としては、「国際人権法、国際人道法違反の安保理決議が安保理の権限踰越によるものであるととらえた場合に、権限踰越による安保理決議は加盟国に対して義務を生じるのか」という問題があり、これについても研究者レベルにおいては議論がある[61]。すなわち「権限踰越による安保理決議は無効であるのか、あるいは取り消しうるものに過ぎないのか」という争点である。国際組織の違法な決定は「取り消しうる」すなわち、それが違法であるとの決定がなされるまでは有効性の推定を受けるという立場をとるならば、とくに安保理の場合、その決定を取り消すための手続きが安保理以外には存在しないようにも思われ、構造的な問題があるとみなすこともできるわけである。他方、もしも「無効である」と考えるならば、その立証責任は国家の側にあるとしても、「権限踰越」の安保理決議を無効とみなして、国家がその履行義務から逸脱することが可能となり、国際の平和と安全の維持の観点から国連システムに重大な影響を与え、現実的ではないであろう。

2 制裁措置の合法性と正当性

「合法性」と「正当性」の問題については、これまで国際法学の観点からも重要な争点として論じられてきたものである。たとえば、フランクは正当性について「命令に自発的に従うことを受け容れるにあたって、影響を与える要因に対して付される一般的なラベルであり、共同体が規則を義務づける能力を測定する基準

である」と定義している[62]。「安保理の行動についても、むしろ合法性の審査を受けることによってその決定に正当性が付与され、かえって安保理活動の強化に資することが少なくないと考えられる[63]」との指摘があるが、制裁措置をめぐる「合法性」と「正当性」はまさにそのような関係にあると考えることができる。

本章において分析した諸事例について見ると、「包括的制裁」の場合には、国際人権法、国際人道法の適用可能性について様々な議論が行われたが、合法性審査という側面に限って言えば、これを詳細に検討するうえで有益な司法的手続きという要素を欠いていた。しかしながら様々なフォーラムにおける議論の中で、その焦点が、むしろ包括的制裁措置という手法自体の正当性を問うことへ移行していったことにより、政策的にはスマート・サンクションへの制度的変容に結実していったと評価することができる。他方、「標的制裁」の場合には、人道法にその起源を有する人道的免除措置の考え方が、制裁措置の制度的変容や基本的権利の侵害に関する審査基準に対して一定の影響を与えながらも、具体的なケースにおいては「人権法と安保理決議の関係」に議論が収斂し、そこからそれぞれの機関において実際的な解決策が模索されてきたように思われる。

実際は、国際人権法や国際人道法を適用して安保理決議に基づく経済制裁措置自体の合法性を審査するという方向性よりも、その正当性については注意を喚起しつつ、「人権」や「安全保障」といった異なる法的価値が問題となっている場合に、そのような異なった価値の間で結果としてバランスをとっていくことを重視した解決を志向しているように見える。

おわりに

　著者は 2001 年以降、国連大学の「平和とガバナンス」プログラムにおける共同研究プロジェクトに参加し、その成果として2010 年に出版された学術書の中に、本章における議論とも関連する拙稿を掲載している[64]。

　本書の課題である「地球共同体」の概念との関連において見た場合に、上記共同研究プロジェクトは、国連を中心とする国際組織の活動領域において「正当性に断層線（Fault Lines）が生じている」という認識から出発するものであった。しかしながらそこにおける「断層線」という表現は「システムが回復不能な状況にある」ということを意味してはおらず、これを修正し、強化をはかることができる段階にあるという認識から、国際組織等のさらなる活動によって、正当性を強化し、また法の支配を進展させることが重要であるととらえた共同研究であった。

　「地球共同体」におけるガバナンスという観点から問題をとらえると、これまで分析してきた諸事例は、複雑に組織化が進展してきている今日の「地球共同体」において国際組織のアカウンダビリティーに関する問題が生じているケースであると分析することもできよう。国際組織の活動が直接的に個人の人権に抵触するような状況が実際に生じてきており、国際組織がそのような新しい活動分野に踏み込む際に、その正当性に問題が生じている事例であると考えることができるであろう。

　国際人権法、国際人道法の発展にみられる今日の「地球共同体」における共通の価値基準の形成は、そのような規範概念に裏

付けられた共通の正当性基準の萌芽となることが期待される。そこにおいては、「条約上、ないしは慣習国際法上の義務」といった、いわゆる「合法性」に関する基準の形成に先立って、「地球共同体の義務」といった、より柔軟な「正当性」に関する基準の形成が行われることとなろう。

　この文脈において、本章における諸事例の検討から、「地球共同体の義務」をたとえそれが法的義務として立証できない場合にも、より柔軟な正当性基準の共有としての政治的・道義的義務として論じることができるのではないであろうか。すなわち、それが付随的人道的被害による犠牲者であれ、違法な手続きによって被疑者とされたことにより人権侵害を受けたと主張する者であれ、国連の経済制裁による被害者に対して、「地球共同体」にはこれを救済する義務が存在しているとみなす見解である。

　「地球共同体」について構想する際に、今後、いわゆる「世界政府論」が今日的役割を付与されるという展望は開けていない。むしろ、「グローバル行政法論」、「国際立憲議論」等の理論が精緻化され、諸事例への適用が可能となることが期待されているところであろう。「地球共同体」の概念は未だ混沌としている段階であるか、引き続き検討がなされるべき重要な課題であると考える。

　〈注〉

　34　ICRC Report, The humanitarian consequences of economic
　　　sanctions, 10-09-1995.

　35　The Adverse Consequences of Economic Sanctions on the
　　　Enjoyment of Human Rights, Economic and Social Council,

Working Paper prepared by Mr. Marc Bossuyt, E/CN/.4/ Sub.2/2000/33（2000）.

36 Robert Cryer, "The Interplay of Human Rights and Humanitarian Law: The Approach of the ICTY" *Journal of Conflict & Security Law, Vol.14 No. 3*, 2010, pp.511-527.

37 Cordula Droege, "The Interplay between International Humanitarian Law and International Human Rights Law in Situations of Armed Conflict" *Israel Law Review, Vol. 40, No.2*, 2007, pp.342-343.

Sylvain Vite, "The interrelation of the law of occupation and economic, social and cultural rights: the examples of food, health and property" *International Review of the Red Cross*, Vol.90, No.871, 2008.

38 「制裁と人権」については、欧州人権裁判所のケースもある。Al-Dulimi V. Switzerland, Application No. 5809/08, European Court of Human Rights, June 21, 2016.

39 Report on humanitarian needs in Iraq in the immediate post-crisis environment by a mission to the area led by the Under-Secretary-General for Administration and Management, 10-17 March 1991, A/22366, 20 March 1991.

40 Report to the Secretary-General dated 15 July 1991 on humanitarian needs in Iraq prepared by a mission led by the Executive Delegate of the Secretary-General for humanitarian assistance in Iraq, S/22799, 17 July 1991.

41 Report of the Secretary-General pursuant to paragraphs 7 and 8 of Security Council resolution 1409（2002）, S/2002/1239, 12 November 2002.

42 Roger Normand, "A Human Rigthts Assesment of Sanctions:

第 2 章 制裁：大量破壊兵器不拡散・テロ対策 51

The Case of Iraq, 1990-1997," in W.J.M.van Genugren & G.A.de Groot (eds.), *United Nations Sanctions; Effectiveness and Effects, Especially in the Field of Human Rights: A Multidiciplinary Approach*, Intersentia, 1999, pp.19-33.

43 A/RES/51/242, ANNEX II (1997).

44 CCPR General Comment No.6, The right to life (1982).

45 The relationship between economic sanctions and respect for economic, social and cultural rights, CESCR General Comment 8, U.N.Doc.E/C.12/1997/8 (1997).

46 The right to adequate food (Art.11), CESCR General Comment 12, U.N.Doc.E/C.12/1999/5 (1999).

47 The right to the highest attainable standard of health,CESCR General Comment 14, U.N.Doc.E/C.12/2000/4 (2000).

48 M.Reisman and D.Stevick, "The Applicability of International Law Standards to United Nations Economic Sanctions Programmes," *The European Journal of International Law*, Vol.9, No.1, 1998.

49 Marc Bossuyt, *op.cit.*

50 Boris Kondoch, "The Limits of Economic Sanctions under International Law : The Case of Iraq," *International Peace Keeping: The Yearbook of International Peace Operations*, Vol.7, 2003, pp.267-294.

51 David Cortright, Alistair Millar & George A. Lopez, "Smart Sanctions: Restructuring UN Policy in Iraq," A Report of the Fourth Freedom Forum and the Joam B. Kroc Institute for International Peace Studies, 2001.

52 Case C-402/05P and C-415/05P, Kadi and Al Barakaat, judgement of the Court (Grand Chamber) of 3 September 2008.

53 Case T-315/01, Kadi v Council and Commission (2005) ECR

II 3649; Case T-306/01, Yusuf and Al Barakaat International Foundation v Council and Commission (2005) ECR II 3533.

54　C-402/05P, Kadi v Council and Commission, Opinion of Advocate General Poiares Maduro of 16 January 2008.

55　Case C-402/05P and C-415/05P, *op.cit.*

56　Commission Regulation (EC) No 1190/2008 of 28 November 2008, L322/25.

57　Kadi v. Commission (2010) ECRII-5177 (European General Court, 30 September 2010).

European Commission and Others v. Yassin Abdullah Kadi (Grand Chamber of the European Court of Justice, 18 July 2013).

58　CCPR/C/94/D/1472/2006.

59　*Ibid.*, pp.22-26.

60　SC/9711, 21 July 2009.

61　Dapo Akande, "The Security Council and Human Rights: What is the role of Art.103 of the Charter," http://www.ejiltalk.org/the-security-council-and-human-rights-what-is-the-role-of-art-103-of-the-charter/ (30 September 2018).

62　Thomas M. Franck, *The Power of Legitimacy among Nations*, Oxford University Press, 1990, p.150.

63　杉原高嶺「国際司法裁判所による安保理決定の審査について」『法学論叢』148巻5・6号、2001年。

64　Jun Matsukuma, "The Legitimacy of Economic Sanctions: An Analysis of Humanitarian Exemptions of Sanctions Regimes and the Right to Minimum Sustenance," in Hilary Charlesworth and Jean-Marc Coicaud (eds.), *Fault Lines of International Legitimacy*, Cambridge University Press, 2010.

第3章　武力行使：一般市民の保護

はじめに

　2018年4月、英米仏はシリア政府がシリア国民に対して化学兵器を使用したとし、安保理決議による明確な容認を得ずに対シリア攻撃を行った。本件について英国政府はその合法性を主張する見解を表明している[65]。英国政府はシリア政府がシリア国民に対して化学兵器を使用している旨主張し、これは慣習国際法に違反し、戦争犯罪、人道に対する罪であるとする。そして英国政府は国際法のもとで例外的な根拠として、圧倒的な人道的惨害を緩和するために措置をとることを許容されているとする。そのうえで本件武力行使の法的根拠は人道的干渉であるとし、その条件をあげ、これに該当すると主張しているのである[66]。英国政府のこのような見解は実定国際法上の議論としては支持する政府、研究者は少ないであろう。また、政治的・軍事的な正当性という意味においても、この議論に対しては様々な危険性が懸念されよう。そのうえで一点、指摘するならば、特定の政府が自国民に対して非人道的な兵器を使用したと仮定して、このことに対して他国政府が軍事的に対応することができるとする見解の根底には、何らかの「地球共同体」の概念が含意されているのではないかということである。よって、本書において「地球共同体」の概念について論じる際には、それは必ずしも論争の生じない概念のみを意味

してるのではなく、諸国家や国際組織の認識として明示的または黙示的に提示される様々な「地球共同体」概念を批判的に分析するという視点がある。

「地球共同体」について構想する際に、今日、安全保障の問題、とくに武力行使の規制をめぐる諸問題は極めて重要な課題である。近代初頭においてグロティウス等が正戦論を主張した歴史的背景には、ローマ教皇を頂点とするキリスト教秩序が、国家よりも上位の秩序として存在した中世ヨーロッパ社会があった。これに対して、独立、平等の主権国家による近代国際社会の発展は、正戦論の説得力を失わせていった。

今日の国連憲章体制は、武力不行使原則をその中核としている。一般的武力行使の禁止に対し、国連憲章において容認されたその主たる例外としては、憲章42条の集団安全保障と51条の自衛権に関する規定がある。一方で、冷戦後の武力行使に関する諸事例から、武力不行使原則に変容が見られるとする議論もある。それは安保理をバイパスした武力行使や、安保理決議による武力行使容認の射程の拡大、安保理の容認について疑義のある個別国家による武力行使といった諸事例を、法的にどのように評価すべきであるかという問題である。

本章第Ⅱ節において詳述するコソボ紛争の事例は、安保理をバイパスした武力行使の事例であるが、ここにおいて提起されたのは、諸国家が一般市民に大規模な被害が生じているような人道的惨劇に直面しながら、安保理においては常任理事国による拒否権行使により決議が採択できない場合に、国家は安保理決議を根拠とせず、また自衛権の行使でもない武力行使を行うことが国際法上、合法であると主張できるのかという未解決の問題である。

本章第Ⅲ節においては、非国家主体による攻撃等、新たな脅威への対応に焦点をあてる。安保理決議による武力行使容認の射程の拡大に関する事例であるが、ここにおいては「平和に対する脅威」概念の拡大解釈という現象が検討の課題となる。

本章第Ⅳ節においては安保理の容認について疑義のある個別国家による武力行使の事例としてイラク戦争について検討する。米英が主張した「重大な違反の理論」は諸国家の容認するところとはならず、先例ともされなかった。他方、常任理事国にとって、武力行使が国連憲章上合法であることを装うことが重要であったという点を指摘することができる。

本章においては、「地球共同体」の構想において不可避の課題である武力行使をめぐる今日的諸問題について検討を行いたい。

Ⅰ　コソボ紛争

1　コソボと人道的干渉

2000 年に提出された「コソボに関する自主国際調査委員会」の報告書は、「国際法と人道的干渉」と題する章において、「要するに、この灰色の領域は合法性という厳密な考え方を超えて、正当性というより柔軟な見解を取り込むものである」と論じている[67]。すなわち、「合法性」に関する議論において、「正当性」に言及してしまうほどに、コソボ紛争は、大きな衝撃を与えていたという見方もできよう。

ドイツは 1998 年の段階では、NATO によるユーゴへの武力行使の威嚇については、これを人道的干渉と認めつつ、しかしながら先例とはしない旨、明確にしていた[68]。NATO による空爆開

始後、米国、英国も「コソボを先例」としないという立場をとったが英国は人道的惨害を防止するための例外的な措置として人道的干渉が合法である旨論じている[69]。多くの国家は法的見解については明らかにせず、人道的考慮や関連安保理決議について言及するといった形式で主張を展開した。

　英国の見解は、「安保理決議において目的が容認されているが、武力行使については明確な容認がない場合」においても、人道的惨害を防ぐために他の手段がない場合には干渉できるとする考え方である。英国外務省の法律顧問であるウッドは、ホロコーストのような状況が起き、安保理がブロックされ容認を得られない場合に、国家がそのような状況に対して行動できないとすることは法ではありえない旨述べている[70]。ここにおいて英国が論じているのは一般的な人道的干渉の権利という議論ではない。むしろ、例外的な状況において人道的必要性が極度に強い場合への対処という文脈である。人道的必要性は法的にどのように構成することができるであろうか。ひとつの方法は、緊急避難であろう。しかしながら国家責任条文は武力行使に関する法解釈を拡大することを意図してはいない。コソボ問題に関連して一部の論者によって主張された「違法だが正当」の議論は、国際法の基盤を揺るがしてしまう危険性がある。これに対して、英国が論じているのは、人道的惨害に関する安保理決議が存在しつつ、武力行使の明確な容認に関する決議がブロックされている場合に、多数の国家の支持があれば、加盟国が行動することができるとするものである[71]。北部イラクにおける安保理決議688に関連する行動、シエラレオネにおける安保理決議1162に関連する行動、そしてコソボにおける行動をこの文脈に位置付けているのである。人道的惨害に関

する例外的な状況において、人間の価値と不干渉原則に関する利益衡量が必要となり、それは憲章2条4項に内在するものであるとする議論である。2000年に発出された英国外務省による人道的干渉に関するガイドラインもこの考え方を基本としている[72]。

軍事的な選択肢の議論としては、国連システムが対応できない場合に、有志連合のかたちでの武力行使はひとつの可能性ではあるが、国際法上の合法性の問題は、当然のことながら軍事的可能性の議論とは異なるものである。とくに開発途上国を中心として、このような考え方に対し懸念を表明した国家は多く、憲章の武力不行使原則に関する柔軟な解釈は濫用の危険性をはらんでいるという指摘がなされてきている。

他方、NATOによる武力行使が事前の安保理決議によって容認されていたとする主張もなされた。確かに1998年の安保理決議1203の前文には、「国連憲章第7章のもとに行動し」との文言が存在している。しかしながら、安保理はNATO諸国による武力行使を明確に容認した決議を採択してはいないのである。「安保理による黙示の容認があった（implied mandate）」といった議論は、拡大解釈の危険性をともなっている。また、ジェノサイドや人道に対する罪の事例に対応する際に、国際法の発展が不十分であることから、国家による単独の干渉が許容されているとする議論も法的には説得力を欠いている

さて、憲章53条には地域的機関が国際の平和と安全の維持について有している役割に関する規定がある。NATOが憲章53条の地域的機関にあたるか否かは、個別の事例においてNATOが実際にどのような行動をとっているかという点に焦点をあてて把握すべきであり、憲章51条の集団的自衛権に関する行動であれ

ば安保理の許可は必要ないことになる。しかしながら、コソボ紛争におけるNATOの対ユーゴ武力行使を集団的自衛権によって合法化することは困難であろう。コソボ紛争が近隣諸国に影響を及ぼすことが事実であったとしても、NATO諸国による対ユーゴ武力行使は集団的自衛権によって説明できるものではない。

　NATO諸国による対ユーゴ空爆について、ロシアは人道的干渉の議論は国連憲章にも一般国際法にも根拠がない旨主張した[73]。中国は国際の平和と安全の維持および行動の決定は安保理のみが行い得るとした[74]。しかしながら、1999年3月26日、ロシアが当時は安保理理事国ではなかったベラルーシ、インドと共同提案した「NATOによる空爆を国連憲章に違反するとし、即時の停止を要求した安保理決議案」については、ロシア、中国、ナミビアの3カ国の賛成しか得ることができず、安保理において3対12をもって否決されている[75]。

　国際法におけるいわゆる人道的干渉は19世紀にヨーロッパ諸国がオスマン・トルコ領内のキリスト教徒保護を理由として武力をもって干渉したことに起源を有する概念である。NATO諸国の対ユーゴ武力行使については、生成しつつある規範として人道的干渉を主張する論者も多く存在した[76]。また、「保護する責任論」はコソボ問題をひとつの契機として議論が展開されたものである。

　憲章2条4項の草案が「いかなる国の領土保全又は政治的独立に対するものも」の文言を含まなかったことは広く知られている。オーストラリア提案により挿入されたこの文言は、武力不行使原則の例外を広く許容するために挿入されたわけではなかったにもかかわらず、後に起草過程の議論を離れて様々に解釈される

こととなった。すなわち、憲章2条4項が政治的独立や領土保全に言及していることから、それらに抵触しない武力行使については容認される余地があるとする議論も展開されてきた。しかしながら、これは憲章の起草過程からは想定されていなかった議論であると言わざるを得ない。また武力不行使原則は強行規範（jus cogens）であるとする見解もあり、この観点からはいかなる逸脱も許されないということになる。武力不行使原則の優位性は憲章起草時において明確であったことから、国際法において武力不行使原則の例外として、一般的に人道的干渉の合法性が認められると論じることは困難であろう。現段階においては、国家慣行として慣習国際法としての人道的干渉の合法性を裏付ける証拠が十分に蓄積されていると言うことはできない。

それでは憲章が想定する集団安全保障のシステムが機能しない場合に、どのような帰結となるのであろうか。コルフ海峡事件において、国際司法裁判所は英国の主張を退け、干渉を違法とした。ニカラグア事件においても国際司法裁判所はコルフ海峡事件を参照しつつ、不干渉原則について確認している。

他方、人道的干渉が慣習国際法上、合法であるとする見解は、国際法において自力救済が認められる可能性があるとの見解を基礎としている。たとえばリリックは基本的人権に関する大規模侵害があり、国連による実効的な対応がない場合に、国家の単独行為としての干渉が合法であると論じた[77]。リースマンとマグドゥーガルはナイジェリア内戦について、国連の行動を要請し、これがなされない場合には単独国家による干渉を主張した[78]。リースマンは憲章2条4項について、新たな解釈を展開し、国連が平和と秩序を達成できなかった場合、個別国家には自力救済のため

の行動をとることが要請されていると主張した[79]。当該武力行使については、世界秩序を強化するものであるか、人民の自決権を強化するものであるかという点が重視される。リースマンはさらに救済のない権利は権利と言うことができず、多数国間のシステムによって解決される可能性がない場合に、個別国家による行動を禁じることは権利を終了させるに等しいと論じている[80]。テソンは当初、国連憲章2条4項は集団安全保障にリンクするものであって、これが機能不全に陥った場合には根本的な事情の変更となると論じていた[81]。しかしながら、国連国際法委員会（ILC）は条約法条約に関するコメンタリーにおいて、事情変更の原則は狭く解釈されるべきであることを基調として説明している[82]。テソン自身、後に事情変更を強調することなく、慣習国際法として人道的干渉を合法化する議論を展開している[83]。

　それでは、憲章採択後の国家慣行の蓄積によって、慣習国際法としての人道的干渉の権利が生成したと論じることはできるであろうか。冷戦後の諸事例、すなわちリベリア、北部イラク、コソボ等の事例の検討から、人道的干渉の権利が生成しつつあるとする議論もまったく根拠がないわけではない。その場合においては、「事態の深刻さ」、「政治的中立性」、「安保理の機能不全」、「必要性」、「均衡性」、「説明責任」といった諸条件が満たされる必要があるとする見解もある[84]。

　条約の解釈において後に生じた慣行が考慮されることは、条約法条約31条においても規定されているところであり、たとえば安保理において常任理事国の棄権が拒否権行使とみなされないといった慣行は国連憲章27条3項の解釈として定着している。人道的干渉に関する国家慣行としてしばしば言及される事例として

は、1960 年のベルギーによるコンゴ干渉、1964 年の米国および
ベルギーによるコンゴ干渉、1965 年の米国によるドミニカ共和
国干渉、1971 年のインドによる東パキスタン干渉、1976 年のイ
スラエルによるウガンダ干渉、1978 年のベルギーおよびフラン
スによるザイール干渉、1978 年から 79 年のタンザニアによるウ
ガンダ干渉およびヴェトナムによるカンボジア干渉、1979 年の
フランスによる中央アフリカ干渉、1983 年の米国によるグラナ
ダ干渉、1989 年から 90 年の米国によるパナマ干渉、1990 年の
ECOWAS によるリベリア干渉、1991 年の米、英、仏によるイラ
ク干渉、1997 年から 98 年の ECOWAS によるシエラレオネ干渉、
そして 1999 年の NATO による対ユーゴ干渉等がある[85]。

　多数の事例について言及がなされてきているが、それぞれの内
容を精査した場合に、現段階において、これらのケースの蓄積が
人道的干渉に関する慣習国際法を形成していると評価することは
困難であろう。むしろ、自国民保護に関する事例が多く含まれて
いると言うことができ、さらには旧宗主国としての権益に関連す
る干渉事例も多くみうけられるというのが実態である。

　コソボ紛争に関しては NATO 諸国の多くがこれを「先例とし
ない」という考え方をとった。すなわち「コソボを例外とする」
という考え方である。この文脈から、国家慣行の蓄積といった観
点ではなく、むしろ道徳的、政治的義務という考え方が強調され
た。しかしながら、これは厳密な合法性の問題とは基本的には無
関係である点を指摘しなければならないであろう。

　先行研究の多くは NATO 諸国による対ユーゴ武力行使を合法
とはしていないが、正当性については一定の指摘を行ってい
る[86]。「違法だが正当」という言説は一連の議論の中で提起され

たものであるが、正当性に言及することによって国連の容認をバイパスしてしまうことは国連体制を弱体化してしまうという問題性を内包している。

　人道的干渉について、理論上は国連総会決議の採択を試みることも一案ではあるが、現実的には困難であろう。「平和のための結集決議」による総会決議の可能性という点において、3分の2の多数を確保することは、少なくともコソボの事例においては不可能であったと考えられる。さらに国連憲章の改正ということも非現実的である。原則として人道的干渉を法理論化するならば、人道的惨劇に対しては干渉すべき義務があるという帰結にもつながりかねず、この点においても大多数の国々には抵抗がある。

　1999年秋の国連総会においては、当時のアナン国連事務総長により、「主権と人権の関係の変容」に関する指摘が行われた[87]。これに対し、中国は強く反発している[88]。フランスはコソボ問題の例外的状況を強調し、国連憲章の枠内での行動の重要性を指摘している[89]。オランダの発言は大変に興味深く、もしも憲章に2条8項を挿入するならば、加盟国が自国民を迫害することを禁ずる内容とすべきである旨主張している[90]。ポーランドも、主権の壁が人権侵害を隠すものとして利用されてはならない旨述べている[91]。このような議論の延長上に、カナダ政府のイニシアティヴによる「保護する責任」の議論があったわけである。2005年の世界サミット成果文書において「保護する責任」は採用されたが、単独の国家による干渉の可能性については言及されていない。

　学術団体についてみると、万国国際法学会も人道的干渉に関する決議の採択にはいたっていない。憲章2条4項が強行規範であ

ると考えた場合、条約法条約 64 条によれば、後に生じる強行規範によってのみこれを無効とすることができるということになる。ニカラグア事件においては、人道援助が干渉とはみなされない可能性について言及されているが、米国の干渉行為は違法と判断されている。この文脈で米国が主張した人権保障や人道目的は否定されており、慣習国際法としての人道的干渉の議論は認められていないと言わざるをえない。

2 国際司法裁判所：武力行使の合法性事件

さて、国際司法裁判所に対してユーゴ（セルビア・モンテネグロ）は NATO 加盟諸国のうち対ユーゴ空爆に参加した 10 カ国を相手取って訴訟を提起したが、いずれも管轄権段階でその訴えは認められなかった[92]。ユーゴは 1999 年 4 月 26 日に国際司法裁判所に提訴している。まず仮保全措置により NATO 諸国による空爆を止めるべく、対ユーゴ空爆は憲章 2 条 4 項に違反する旨訴えたのであるが、これは空爆が人道的干渉の理論等によって合法化することはできず、また、後の慣行も慣習国際違法を形成していないという主張であった[93]。すなわち、NATO 諸国による空爆の違法性の確認を求めるとともに、空爆の即時中止を仮保全措置要請として求めたのである。ユーゴはその主張において 1984 年の英国外務省の見解をも引用し、人道的干渉の合法性は疑わしいとした[94]。さらにユーゴは NATO の武力行使の態様も問題視し、それは純粋な人道目的ではなく、政治目的であった旨主張した。

本件訴訟は管轄権段階で終了しており、いわゆる人道的干渉の合法性について国際司法裁判所が判断を示したケースではない。

しかしながら、被告となった国家の中でベルギーが口頭弁論において、以下のような主張を展開したことには注目すべきであろう。すなわちベルギーは干渉について、すでに採択されている安保理決議が武力による干渉の根拠を提供している旨主張した。ベルギーによれば、それら決議は明確であり、憲章第7章に基づいている。憲章第7章のもと、安保理は国際の平和と安全に対する脅威の存在を決定できるが、ベルギーはさらに進んで武力による人道的干渉の考え方を発展させる必要があるとした。ベルギーによれば、NATO諸国、とくにベルギーは、安保理決議によって示されているように、進行中の人道的惨害に対して干渉し、これを抑止する義務があると考えている。それは、強行規範である本質的な価値を守るためであり、そこでいう価値とは生命に対する権利、身体の不可侵、拷問の禁止等である。ベルギーはこれらに対する逸脱が認められないことからも、強行規範の地位を得ていることは明らかであり、NATOは強行規範によって体現された基本的価値を保護するため、また安保理が存在を確認した人道的惨害を防止するために干渉した旨主張した。またベルギーの見解によれば、NATOはユーゴの政治的独立、領土保全について一切の疑問を提示していないのであるから、それらに対する干渉ではない。NATOの干渉の目的は危機に直面している人々を救うことであり、ベルギーは憲章2条4項と整合的な武力による人道的干渉であると考えている。なぜならば憲章2条4項は国家の領土保全、政治的独立に対するもののみを対象としているからである[95]。

　ここでベルギーは先例としてインドによる東パキスタンへの干渉、タンザニアによるウガンダへの干渉、ベトナムによるカンボ

第 3 章　武力行使：一般市民の保護　65

ジアへの干渉、西アフリカ諸国によるリベリア、シエラレオネへ
の干渉をあげた。ベルギーはアナン事務総長の発言を引用し、
「いかなる国家も主権の陰に隠れて人権侵害を行うことはできな
い」旨強調した。すなわちベルギーの見解によれば、NATO の
行動は住民を保護するのみならず、地域全体の安全を確保するも
のであるということになる。

　ベルギーの議論はさらに緊急避難におよんでいる。すなわち、
安保理決議において確認された人道的惨害が継続している状況に
おいては、武力行使禁止規則に対する違反が行われたとしても、
それは強行規範としての権利を守るという、より高次の価値のた
めであるとする見解である。その場合、均衡性の原則を満たす必
要があるが、これを満たす限りにおいて違法性が阻却されるとい
う議論である[96]。

　このような明確な主張を展開したベルギーと比較すると、ベル
ギー以外の NATO 諸国は人道的干渉の合法性については詳細な
議論を展開していない。米国は近隣諸国への脅威があったこと
や、安保理が平和と安全に対する脅威を認定したこと等に言及し
た。英国は安保理による黙示の容認に依拠する議論を展開した。

　1999 年 6 月 2 日の仮保全措置命令で、管轄権の欠如を理由と
して要求が退けられた際、米国とスペインに関する訴訟は管轄権
の明白な欠如により総件名簿から削除されたが他の 8 件について
はその後の手続きが進められた。2000 年 11 月 1 日に国連はユー
ゴの新規加盟を承認し、2003 年 2 月 4 日にユーゴは国名をセル
ビア・モンテネグロに変更している。ユーゴは管轄権の基礎を国
際司法裁判所規程 36 条 2 項とジェノサイド条約 9 条等において
いた。国際司法裁判所は 2004 年の管轄権判決において、ユーゴ

が 1999 年 4 月に提訴した際、ユーゴ、すなわち現在のセルビア・モンテネグロは国連加盟国ではなく、国際司法裁判所規程の当事国ではなかったため、国際司法裁判所は本件訴訟について管轄権を有しない旨判断した。

このように国際司法裁判所は仮保全措置段階においても、管轄権段階においても、管轄権を有しない旨判断した。すなわち、国際司法裁判所は管轄権自体については否定したわけであるが、一方で武力行使が国際法上の重大な問題を引き起こしている旨言及し、当事国が憲章に従って行動することの必要性を強調した[97]。

さて、コソボ紛争が提起した問題、すなわち内戦下における、自国政府による自国民に対する大規模人権侵害の問題は、「国家の安全保障」から「人間の安全保障」へのパラダイム・シフトを要請した。その後の「保護する責任」論の展開をもふまえて、2011 年、リビアにおいては NATO の主導により、安保理決議による容認を結果として踏み越えた体制変更を伴う武力行使が行われた。安保理決議 1973 が容認していたのは一般市民の保護と飛行禁止空域の強制なのであって、体制変更を含んでいたとは言えない。安保理決議 1973 によって容認された範囲を超えて NATO が主導する武力行使が行われたわけである。本件が提起した一般市民の保護に関する問題は、今日においても引き続き重要な争点である。

II 非国家主体への対応

1 「新たな脅威」

冷戦後、国際テロ組織等、非国家主体が既存の国家に対し「新

たな脅威」をもたらしているという事象は、2001年9月11日の同時多発テロによって衝撃をもって示された課題である。脆弱国家内部において大規模人権侵害が頻繁に生じていること、また国内において非国家主体がテロ組織として武装化していくこと等、今日、多くの課題が明らかにされてきている。そのような場合に、個別の国家が武力を行使することは合法であると言えるのであろうか。とくに大規模人権侵害の加害者が非国家主体である場合に、どのように考えるべきであろうか。2001年の同時多発テロ以降、西側諸国においては人道的危機とテロの関連性を重視し、より積極的に破綻国家の問題に対処するようになってきた。すなわち「新たな脅威への対応」は「武力不行使原則の変容」の問題と深い関連性を有している。

今日、国連憲章の起草者たちが想定しえなかったような「新たな脅威への対応」が要請されていることは疑いないが、確立した武力不行使原則に関する解釈の範囲において、様々な対応が試みられている現状である。

非国家主体が国家の正規軍に匹敵するような武力攻撃をすることが可能な現状においては、伝統的な自衛権の解釈だけでは対応できない。たとえば、非国家主体の攻撃は、これを国家に帰属させることができる場合においてのみ自衛権の行使が許容されるのであろうか。

2001年の同時多発テロ直後に採択された、安保理決議1368は武力行使を容認した決議ではない。しかしながら、この決議が自衛の固有の権利を認めていることには着目すべきである。アフガニスタンがアルカーイダに対して実効的支配を及ぼしていたとは言えない点において、2001年10月以降の米国等によるアフガニ

スタン空爆を伝統的な自衛権の解釈によっては合法化することは困難であろう。また、アフガニスタンの当時のタリバン政権が同時多発テロについて、テヘラン人質事件におけるイランのような意味で国家責任を有していたと論じることもまた困難であろう。それでもなお米国等のアフガニスタン空爆は多数の国家によって事実上、容認されたという点に留意すべきであろう。これはアフガニスタンが国際テロリストの根拠地となっていたという文脈において、アフガニスタンへの空爆を容認する議論であると言うこともできる。しかしながら、その後、慣習国際法がそのような方向へ発展したかという点について言うならば、コンゴ領域における武力活動事件（コンゴ民主共和国対ウガンダ）において、国際司法裁判所はニカラグア基準に基づく制限的な解釈にとどまっている。カッセーゼは慣習国際法を変更するだけの国家慣行、法的信念に欠けている旨、言及している[98]。

2　ISIL 等の事例

領域国家が非国家主体による軍事活動を阻止する能力に欠けている場合はどのように考えるべきであろうか。イスラム国（ISIL）に関し、諸国家が直面したのはこの問題である。破綻国家からのテロリスト等の攻撃に対して、被害国が武力行使により反撃することができないという解釈は適切ではないであろう。ロシアもグルジアからのチェチェン組織による攻撃と、グルジアがこれに適切に対処していない点に言及し、憲章 51 条に基づく行動の権利を主張するなどしている[99]。

　さて、シリア、イラクといった既存の主権国家が脆弱化する中、そのような環境において勢力を拡大したのが ISIL である。

すなわち、ISILが活動を拡大できる環境が、シリアやイラクに整ってしまったことが原因である[100]。この現象が2003年3月のイラク戦争にも起源を有していたことは示唆的である。2014年に米国が主導する有志連合の国々がISILの部隊に対し空爆を行った際、イラク領域内への空爆についてはイラク政府より同意をとりつけていたが、シリア領域内への空爆についてはシリア政府からの同意を得ずして行ったことが問題とされた。すなわちイラクとの集団的自衛権の行使が、シリア領域内における非国家主体への武力行使を許容するのかという問題である。その際に、シリアはISILによるイラク領内への攻撃を防止することができず、あるいはそのような行動をとろうとしなかったという背景があった[101]。イラクという主権国家の同意を根拠として合法である旨主張するとしても、国際法上、内戦の状況において、領域国家の同意を根拠として武力行使を行うことについては、慎重に考えるべき問題点も存在している。すなわち、民族解放戦線等のケースにおいては、内政不干渉原則および自決原則により、第三国による武力干渉が禁止されているとの主張もなされてきた。すなわち正統政府による要請があったとしても、内戦への武力干渉は自決権行使を妨げるという議論も可能なのである。もちろんISILの事例については、自決権行使の事例としてとらえることは適切ではないが、より詳細な分析が必要とされる。

　ISILの事例は非国家主体が国際的な広がりを有していたケースであり、一時はイラク、シリアの領域の一部を支配し、諸国家から外国籍の戦闘員が流入していたこと等も、いわゆる一般的な内戦の事例とは異なる特殊事情であった。さらにISIL掃討作戦に参加した諸国家は、非国家主体が自国の安全に対する脅威と

なっている点も強調した。すなわち、ISIL の事例は純粋な意味での内戦の事例ではないという主張である。

国家慣行としては、内戦により反乱軍の攻勢を受けて政府が他国に軍事的な支援を求め、武力行使が行われた事例は多い。2013年のマリの内戦に対する、マリ政府の要請に基づくフランス軍の武力干渉等である。内政不干渉原則や自決権原則に反するような武力行使は国連憲章に違反することとなるが、他方、一般的に、内戦時に当該領域国家の要請に基づく武力行使が禁止されているとは言えないであろう。マリの事例においては、国家の要請に基づく武力行使について、安保理決議が存在していなくとも、国際法に違反するものではないという法的信念が諸国家に一般的であったとみることができる。マリにおいては 2012 年後半、北部地域においてテロ組織による活動が深刻となった。2012 年の安保理決議 2085 においては、アフリカ連合（AU）主導の国際監視団の派遣を決定し、加盟国、地域機関、国際機関に対し、テロ組織による脅威を減じるため必要な支援を行う旨決議したが[102]、これが 2013 年のフランスによる武力行使を容認したものであるかについては不明確である。フランスは安保理決議 2085 だけではなく、マリ政府の要請や自衛権を根拠としたが、安保理はこのフランスの立場を事後的に容認している[103]。すなわち黙示的な武力行使の容認という考え方を認めているようにも見える。

Ⅲ　イラク問題

1　イラク問題の諸相

2003 年 3 月に開戦したイラク戦争において、米英側がその合

法化の根拠として用いたのは「重大な違反（material breach）」の理論であった。イラク戦争はサダム・フセイン政権の崩壊という体制変更を伴ったわけであるが、これが均衡の原則に基づいていたかという点については疑問が残るところである。米国は安保理において新たな決議を得ることを必ずしも志向していなかったが、英国は安保理決議を重視していた。この点において 2002 年の安保理決議 1441 の意味するところが米国と英国では多少異なっていたと言うことができる [104]。米国の場合にはブッシュ大統領の声明からも明らかなように、「自国の安全を確保するために武力行使を行う主権的権限」を有するという見解が強かった [105]。

　他方、イラク問題は「自国政府からの攻撃に対し、一般市民を保護する目的のために、国家が単独で武力行使を行うことが合法であるのか」という課題との関連性をも有している。1991 年 4 月、安保理においては、イラク軍の攻撃から逃れるため、22 万人の難民が国境に押し寄せている旨、トルコによる報告がなされた。国内管轄事項に対する不干渉原則から、安保理における審議は難航した。決議案を起草したフランスは内政不干渉原則に依拠しつつ、人道的被害の深刻さを強調した。安保理においては、大量の難民の発生について、これを「国際の平和と安全に対する脅威」と認識する国家も多かった。安保理決議 688 は賛成 10、反対 3（キューバ、イエメン、ジンバブエ）、棄権 2（中国、インド）によって採択された。安保理決議 688 は中国の抵抗もあり、「憲章 7 章のもとに行動する」旨の言及がない。この安保理決議 688 に基づいて英、米、仏がクルド族に対する安全地帯を設定する干渉を行ったわけである。イラク側はこれを主権侵害であると抗議し

た。安保理決議 688 はこの「安全地帯」設定について言及しているわけではない。イラク政府の同意なしに、他国の軍隊がイラク領内に入ることを容認した決議ではないからである。英国は 1992 年に外務省が議会に提出したメモランダムにおいて、極端な人道的必要がある場合に、当該領域国家の要請によらない国際的な干渉が正当化される旨、述べている[106]。安保理決議 688 は北部イラクにおける干渉をマンデートとしてはいないが、むしろ国家慣行において認められるとする見解である[107]。ブレア首相はシカゴ演説において、干渉の条件について明確化した。英国は、イラクへの干渉について人道的観点からの合法化を試みた唯一の国家である。新たに発展した慣習法としての干渉の権利という構成である[108]。

　北部イラクにおける干渉について、安保理決議による明確な容認はなかったが、国際社会からの強い批判がなかったことも事実である。その後、ユーゴにおいては UNPROFOR が安全地帯を設置することについて、安保理決議 836 がこれを容認した。リベリアにおいては 1990 年 8 月、ナイジェリア主導の ECOWAS による干渉が行われた。安保理は事後的にこれを容認している。シエラレオネについても 1998 年に体制変更を行ったことは安保理決議によるマンデートの範囲にはなく、事後的に安保理に容認されている。

　北部イラクにおける干渉について英国が合法化の議論を展開し、これが国際社会においておおむね認められたことは特筆すべきことであろう。慣習国際法の形成へ向けて国家慣行が積み重ねられる可能性もあったが、コソボ問題における対立はこれに対する障害となるとみられた。1999 年の国連総会審議においては人

道的干渉を支持する諸国もなお多く存在したが、2005年に世界
サミット成果文書に採用された「保護する責任」においては単独
国家による干渉はその射程には含まれなかった。

2 イラク戦争

　さて、2003年のイラク戦争開戦前、2002年の段階において、
対イラク武力行使を人道的干渉の観点から合法化する試みが行わ
れていたことは特筆すべきことである。イラク戦争の際に用いら
れたのは「イラク解放作戦」という表現であった。そこにはサダ
ム・フセイン政権下において迫害・抑圧されている住民を保護す
るという考え方があった。政府が特定の住民の抹殺を考えている
ような場合に、その政府は最早、当該住民を代表するものではな
いとする考え方からは、諸国家が当該住民のために干渉をするこ
とが可能であると論じられることがあった。しかし、イラクにお
いては、そのことが諸国家による支持を得ることが困難であるこ
とが明らかになっていく中で、1998年の「砂漠の狐作戦」当時
と同じ合法化の議論、すなわち「重大な違反」の理論に回帰した
と考えることもできる。米英はこの理論が多数の国家から支持を
とりつけたと主張し、憲章の枠内で武力行使を行う旨論じたので
ある。すなわち武力行使は単独行動ではなく、多数の国家によっ
て支持されているものであるとする議論である。安保理決議
1441の採択時に、理事国の解釈、見解が分かれていたことは確
かである。安保理決議687に関する重大な違反が安保理決議678
のもとの武力行使の容認を再生させるという議論は多くの加盟国
にとって説得力を有するものではなかった。クウェートは解放さ
れていたため、なお地域における国際の平和と安全の維持を必要

とするという議論は説得力に欠けていた。しかしながら、人道的
干渉や先制的自衛といった議論よりは好ましいと判断されたのである[109]。

2003年2月の時点において、英国は安保理決議1441に続く武
力行使容認決議の採択を模索しており、そのような試みを拒否権
行使によって妨げることは不当であると批判している。これに対
して米国はさらなる決議は必要としないという立場であった。米
英間の協議の後、英国はさらなる安保理決議を必要としないとす
る立場に変更する[110]。3月にはフランスが武力行使容認決議には
拒否権を行使する旨明らかにする。

イラク戦争の合法化について、米国、英国は様々な理論的可能
性を検討した結果、諸国家に対して著しく説得力を欠くとみなさ
れた議論を避けたという見方が正しいであろう。イラク戦争の合
法化において人道的干渉の議論を援用することは大多数の諸国に
おいて「濫用」とみなされたわけである[111]。イラク戦争におい
て米国により人道的干渉との関連性が言及されたことは、人道的
干渉に関する国際社会における合意の可能性を低くする効果が
あったと論じられる。2001年に「保護する責任」に関する報告
書が作成されており、その観点からもイラク戦争における米国に
よる人道問題への言及は合意の可能性を低くしてしまったとされ
る。

おわりに

国連憲章が予定していた本来の意味での集団安全保障、すなわ
ち憲章43条の特別協定に基づく国連軍の設置が行われなかった

ことにより、安保理は機能不全に陥るか、あるいは平和維持活動といった新たな枠組みを創設することによって対応してきた[112]。また、多国籍軍といった有志連合に武力行使を容認するといったかたちで本来の国連軍が存在していないことに対応してきた。さらに加盟諸国の中には安保理が拒否権によって機能不全に陥った場合に一方的な武力行使にうったえる例もあった。

国連創設70周年にあたって、2015年2月23日、安保理においては、中国の要請に基づき「国際の平和と安全の維持」と題する公開討論が行われた。議題の副題は、「歴史を回顧し、国連憲章の目的と原則に対する強固なコミットメントを確認する」とされている。本件公開討論では、15の安保理理事国の他、60カ国以上が発言をしているが、その中から主として本章の課題である「武力不行使原則の変容」に関連すると考えられる部分に焦点をあててみたい。

中国が強調している点は、「強制措置には安保理のマンデートが必要であり、集団安全保障メカニズムが、伝統的な軍事同盟と時代遅れのジャングルの法に置き換えられなければならない」ことであり、「今日、設立から70年を経て、国連憲章はかつてないほど意義深いもの」となっており、「安保理をバイパスしたいかなる単独行動も違法かつ不当である」ということである[113]。この点において、中国は、国連憲章採択以降の国家慣行から原則としては「武力不行使原則の変容」を導き出すことはできないとする立場であることは明らかである。

ロシアは「シリアにおける空爆、明確に虚偽の口実によるイラク占領、リビアの破壊と継続する混乱に導いた安保理のマンデートのごまかし」といった問題を国家の独立と主権平等、内政不干

渉、紛争の平和的解決といった国連の基本原則が侵害された例としてとらえている[114]。ロシアはそのような一方的な武力行使が今日の中東や北アフリカの不安定化と過激主義の台頭を引き起こしていると指摘し、友好関係原則宣言の強化を求めている。安保理におけるコンセンサスの必要性を重視し、ロシアのイニシアティヴにより、テロ組織への資金供与を防止するため採択された安保理決議2199を強調し、またマリや中央アフリカへのPKO派遣、ナイジェリアのボコ・ハラムへの対処等における共同の対処の必要性を指摘する。すなわち単独主義ではなく、国連の枠組みにおける憲章に基づく問題解決の必要性の主張である。ロシアもまた、国連憲章採択後の国家慣行による「武力不行使原則の変容」といった考え方には親和性がないように見える。

中国のように「安保理をバイパスしたいかなる単独行動も違法かつ不当である」とする見解を示す国家は多数存在する。コソボ問題に際し、「違法だが正当」との言説が一定の支持を得たようにも見られたが、これを先例として国家慣行が積み重ねられてきたわけではない。またロシアの主張に明確であるように、イラクの占領、シリアへの介入、リビアにおける任務からの逸脱、といった一方的な軍事力の行使が関連地域における今日の混乱の原因であるとする見解も多くの国家に共有されており、主権尊重、内政不干渉が強調される。シリアのように一般市民の保護概念の濫用に対する懸念を示している国家もある。

これに対し、米国は憲章前文の「われら人民は」に着目し、国連の目的と原則へのコミットメントを再確認することは、憲章がその基本的尊厳を守ろうとしたすべての個人へのコミットメントを再確認することであると論じる[115]。この点において、状況が

要請するならば安保理は国際の平和と安全の維持と回復のために
強い役割を演じるべきであるとする。シリア問題で安保理が分断
され、一般市民の保護のために十分な役割を果たすことができな
かったことを問題とする。

　フランスは、大規模人権侵害に際しての拒否権行使の自制につ
いて提案している。これは特筆すべきことであり、これを受けて
保護する責任や一般市民の保護に言及している国家も多数存在し
ている。

　このような国家の中には、国連憲章採択後の国家慣行によっ
て、「武力行使禁止原則の変容」ととらえることができる現象が
起きているということについて、一定の理解を示すものがあると
考えることができるであろう。

　グリーンウッドは 2000 年 6 月に英国下院の外交委員会におい
て証言し、国際法上、安保理が国際の平和と安全の維持に関する
主要な責任を負うが、もしも拒否権行使等によって安保理が行動
をとることができない場合、何もできないということを意味しな
いと述べた[116]。すなわちホロコーストのような事例において安
保理常任理事国の反対があるからと言って、干渉することを国際
法が禁じていると考えることはできないと述べている。いわゆる
「不当な拒否権」という議論である。「不当な拒否権」行使は一方
的武力行使の引き金となるという考え方である。問題は拒否権行
使についてどのような場合に「不当である」ということになるの
かという点について基準がないということであろう。「保護する
責任」に関する 2001 年の当初の報告書は安保理によることが望
ましいが単独国家による武力行使を排除してはいなかった。安保
理改革の議論の文脈ではこれはフランスの提案のように拒否権行

使を控える紳士協定の提案となるのであろう。

　安保理が「国際の平和と安全の維持のための主要機関」である
との位置づけを損なうことなく、いかにしてその機能不全に対応
するかということが重要な課題である。安保理決議を根拠としな
い単独行動は、脆弱な国連システムを崩壊の危機に陥れてしまう
ことになりかねない。安保理の決定における問題点のみを強調す
るのではなく、安保理は審議する場所であり、完全なシステムに
は程遠いとしても、審議すること自体に意味があるという指摘も
なされる。

　対イラク武力行使に関して、1998 年の「砂漠の狐作戦」にお
いて米英は「重大な違反」の理論を根拠に、明確な安保理決議に
よる容認のない武力行使にうったえた。2003 年のイラク戦争に
おいて使用された理論もまた「重大な違反」であり、「人道的干
渉」や「先制的自衛」ではなかった。米英は累積した安保理決議
により武力行使が容認されたという主張を行ったわけであり、実
態はどうであれ、理論的には安保理をバイパスして行動したと主
張したわけではなかった。安保理決議に対して完全に明確である
ことを求めることが困難であるとすれば、その解釈の余地を残す
ということは必要であろう。イラク戦争により安保理の信頼は損
なわれたが、同時に安保理体制が完全に破壊されたというわけで
はなかった。ジョンストンが指摘する通り、安保理は決議を採択
する場に限られているわけではない。むしろ、審議をする場とし
て重要である[117]。武力行使の合法性について、安保理において
議論がなされているということこそが重要であると言うこともで
きる。すなわちそのことが不完全ながらも国連システムを維持、
強化する方向にはたらくということである。

安保理決議による武力行使容認については、冷戦後、一般市民の保護の事例において、「平和に対する脅威」概念の拡大解釈が顕著になっていることは確かである。また、安保理決議を根拠としない「人道的干渉」に関する主張も存在する。このような事例が積み重なることによって、国際法が変容すると主張することはできるのであろうか。

慣習国際法としての「人道的干渉」が国連憲章体制の成立以前には、一般国際法上の自力救済として合法化されていたとする見解によれば、国連憲章の目的と「人道的干渉」は整合的なものであり、安保理の機能不全の場合には一般国際法上の自力救済が可能であるということになる[118]。しかしながら、国家慣行においても法的信念においても、このような主張は今日、多くの国家によって認められているものではないであろう。武力不行使原則が強行規範であると考えるならば、条約法条約第64条が規定する「一般国際法の新たな強行規範」が「人道的干渉」に関連して成立したとは到底言えない状況であるということを指摘しなければならない。コソボ紛争も国家慣行として積極的に評価されるものではないと言わなければならない。

他方、「人道的干渉」の問題に関連して論じられるような新たな国際法の発展に関する検討は引き続き重要であることは疑いないであろう。この争点は、今日の国際法において強行規範や普遍的義務（obligations erga omnes）といった概念が発展する中、ジェノサイドや大規模人権侵害への対応において、既存の国連システムが十分に対応できていないことから、「人道的干渉」論が新たな意味を付与されて展開されてきたものである。もちろん、前述の通り、武力行使を伴う干渉の場合には、武力不行使原則自

体が強行規範、また普遍的義務であると考えられることから、相互の抵触が問題となる。

国家責任条文の起草過程において、特別報告者であったアゴーは「国際犯罪」の概念を使用することにより、「国際共同体全体」に対する基本的に重要な義務の重大な違反の問題を、峻別すべきであるとのアプローチをとった。その後、特別報告者となったクロフォードは「国際犯罪」の用語を使用せず、強行規範の概念を用いて条文案を起草した。2001年に国連総会において採択された国家責任条文においては、第2部の第3章、すなわち「一般国際法の強行規範に基づく義務の重大な違反」の部分となっている。そこでは41条において「本章に基づく義務の重大な違反の具体的帰結」が規定されている。強行規範に基づく義務の重大な違反の場合に、加重された責任レジームを課すという考え方である。しかしながら、異なった内容の強行規範の抵触の問題について明確な解答は与えられていない。「人道的干渉」について、緊急避難の概念を用いることで違法性阻却事由として理論化を試みる議論もある。ただし、その際に問題となってくるのは、国家責任条文第26条である。同条は「本章のいかなる規定も、一般国際法の強行規範の下で生じる義務と合致しない国の行為の違法性を阻却するものではない」旨規定している。緊急避難に関する規定は国家責任条文第25条に規定されており、武力不行使原則を強行規範であると考えるならば、その射程をどのように定義するかにもよるが、「人道的干渉」について緊急避難によってその違法性を阻却することが困難となる[119]。「人道的干渉」について、合法化の試みをするのではなく、国内法における違法性の軽減事由、たとえば情状酌量といった観点から、許容可能性という位置

づけにおいて論じるべきであるとする見解もある[120]。すなわち、これまでの関連する国家慣行や法的信念の証拠からは「人道的干渉」の慣習国際法上の合法性、あるいは国連憲章の解釈としての合法性を導き出すことは困難であるが、違法性の軽減事由という観点からは意義を見出すことができるのではないかとするものである。

「武力不行使原則の変容」については、様々な解釈の幅を許容する理論化の試みがなされてきていることは確かである。慣習国際法の形成には国家慣行の蓄積が十分ではないが、国家の考え方、行動には一定の変化がみられる。

〈注〉

65 Prime Minister's Office, Policy Paper: Syria action -UK government legal position, Published 14 April 2018.（https://www.gov.uk/government/publications/syria-action-uk-government-legal-position/syria-action-uk-government-legal-position）（30 September 2018）.

66 *Ibid.*, paras.2-3.

67 The Independent International Commission on Kosovo, *The Kosovo Report, Conflict, International Response, Lessons Learned*, Oxford University Press, 2000, p.164.

68 Deutscher Bundestag, *Plenarprotokoll, 13/248,* 16 October 1998, 23129.

69 U.N. Document, S/PV.3988, 24 March 1999, p.12.

70 Sir Michael Wood, Chilcot Testimony, 24 November 2009,

71 Marc Weller, Iraq and the use of force in international law, Oxford University press, 2010, p.84.

72 British Yearbook of International Law, Vol. 71, p.646.

73 U.N. Document, S/PV. 3988, *op, cit.*, p. 2.

74 *Ibid.*, p.12.

75 U.N. Document, S/1999/328, 26 March 1999.

76 Michael J. Glennon, "The New Interventionism: The Search for a Just International Law," *Foreign Affairs,* Vol. 78. No. 13. 1999.

77 Richard B Lillich, "Forcible Self-Help by States to Protect Human Rights," *Iowa Law Review,* Vol. 53, No. 2. 1967, pp.344-351.

78 Michael Reisman and Myres McDougal, "Humanitarian Intervention to Protect the Ibos," in Richard B Lillich (ed.), *Humanitarian Intervention and the United Nations*, University Press of Virginia, 1973, pp.167-177.

79 Michael Reisman, "Coercion and Self-Determination: Constructing Charter Art 2(4)," *The American Journal of International Law*, Vol.78, 1984, p.642.

80 Michael Reisman, "Sovereignty and Human Rights in Contemporary International Law," *The American Journal of International Law*, Vol.84, 1990, pp.866-875.

81 Fernando R Teson, *Humanitarian Intervention: An Inquiry into Law and Morality*, Transnational Publishers, 1988, p.138.

82 Simon Chesterman, *Just War or Just Peace, Humanitarian Intervention and International Law*, Oxford University Press, 2001, p.56.

83 Fernando R Teson, *Humanitarian Intervention: An Inquiry into Law and Morality, Second Edition, Transnational Publishers*, 1997, p.158.

84 Sir Niger Rodley,' "Humanitarian Intervention", in Marc Weller (ed.), *Oxford Handbook of the use of force in international law*,

Oxford University Press, 2015, pp.788-793.

85 Simon Chesterman, *op.cit.*, pp.63-84.

86 Antonio Cassese, "Ex Iniuria Ius Oritur: Are We Moving Towards International Legitimation of Forcible Unilateral Humanitarian Countermeasures in the World Community?," *The European Journal of International Law*, Vol.10, No.1, 1999, p. 23.

87 U.N. Document, A/54/PV.4, 20 September 1999, pp.1-4.

88 U.N. Document, A/54/PV.8, 22 September 1999, pp.15-19.

89 U.N. Document, A/54/PV.4, *op. cit.*, pp.26-30.

90 U.N. Document, A/54/PV.13, 24 September 1999, pp.21-23.

91 U.N. Document, A/54/PV.17, 29 September 1999, pp. 5-8.

92 酒井啓亘「武力行使の合法性に関する事件―仮保全措置の申請―」『国際法外交雑誌』第100巻第1号、2001年、50 〜 74頁。玉田大「国際司法裁判所武力行使の合法性事件（先決的抗弁判決2004年12月15日）」『岡山大学法学雑誌』第55巻第1号、2005年、209-228頁。

93 International Court of Justice, CR/99/14,10 May 1999.

94 Christine Gray, *International Law and the Use of Force, Fourch Edition*, Oxford University Press, 2018, p.44.

95 International Court of Justice, CR99/15, Monday 10 May 1999.

96 *Ibid*.

97 ICJ Reports, 1999, p.124.

98 Antonio Cassese, *International Law, Second Edition,* Oxford University Press, 2004, p475.

99 Lindsay Moir, "Action against host states of terrorist groups," in Marc Weller（ed.）*Oxford Handbook of the use of force in international law, op. cit.*, pp.731-732.

100 酒井啓子「「イスラム国」脅威の本質は何か―イラク戦争―対テロ戦争―アラブの春の吹きだまり」『外交』Vol.28、2014年、41頁。

101 Dapo Akande and Zachary Vermeer, "The Airstrikes against Islamic State in Iraq and the Alleged Prohibition on Military Assistance to Governments in Civil Wars," https://www.ejiltalk. org/the-airstrikes-against-islamic-state-in-iraq-and-the-alleged-prohibition-on-military-assistance-to-governments-in-civil-wars/ (30 September 2018).

102 U.N. Document, S/RES/2085 (2012), 20 December 2012.

103 Security Council Press statement SC/10871,AFR/2502, 10 Jan 2013.

104 Marc Weller, *op. cit.,* p.186.

105 Address to the Nation, 17 March 2003.

106 *British Yearbook of International Law,* Vol.63, p.825, 1992.

107 D.J. Harris, *Cases and Materials in International Law, 6th Edition,* 2004, p. 950.

108 Marc Weller, Iraq and the use of force in international law, *op.cit.,* p.81.

109 U.N. Document, S/2003/351, 21 March 2003.

110 Lord Goldsmith, Chilcot Testimony, 27 January 2010.

111 Alex J. Bellamy, "Responsibility to Protect or Trojan Horse? The Crisis in Darfur and Humanitarian Intervention after Iraq," *Ethics & International Affairs,* 2005, p.38.

112 Ian Johnstone, "When the security council is divided : Imprecise authorizations, implied mandates, and the unreasonable veto" in Marc Weller (ed.), *Oxford Handbook of the use of force in international law, op. cit.,* pp.227-229.

113 U. N. Document, S/PV. 7389, 23 February 2015, pp.4-5.

114 *Ibid.,* pp.6-7.

115 *Ibid.,* pp.13-15.

116　Christopher Greenwood, 'International law and the NATO Intervention in Kosovo', *International and Comparative Law Quarterly*, Vol.49, No.4, P.930.

117　Ian Johnstone, *The Power of Deliberation, International Law, Politics and Organizations*, Oxford University Press. 2011.

118　F.Abiew, *The Evolution of the Doctrine and Practice of Humanitarian Intervention*, Martinus Nijhoff Publishers, 1999.

119　Karl Zemanek, 'New Trends in the Enforcement of erga omnes Obligations', *Max Planck Yearbook of the United Nations Law*, Vol.4,2000, p37.

120　Sir Niger Rodley, *op. cit.*, pp.793-796.

第4章　国家報告制度：人権の国際的保障

はじめに

　地球共同体を構想する際に、共通の規範となり得るものとして想定されるもののひとつに「人権（Human Rights）」がある。しかしながら、同時に、今日においても「人権」に関する完全に統一された解釈が存在しているわけではない。しかしながら、人権の国際的保障の取り組みの中で、「人権」の中核として、たとえば「人間の尊厳（Human Dignity）」が位置づけられることには共通理解があると言って良いであろう。

　「人間の尊厳」という観点からは、奴隷貿易が合法化されていた時代において、その廃止を訴える市民運動が組織され、国際的な広がりを見せていったことを指摘することができよう[121]。市民運動は奴隷貿易を行っている国家の内政に影響を与え、やがて奴隷貿易廃止の国内法制定に結実していったのである。さらに、国際的な広がりという点においては、奴隷貿易を禁止する条約の制定へとつながっていき、ついには条約が奴隷貿易を処罰する規範へと強化されていった。これは国際人権法の体系書では、歴史的文脈において言及される事象であるが、国際人権法にとってはその出発点から、実施・履行確保の問題が主要課題であった。

　それでは、これまで人権の国際的保障はどのようなプロセスを通じて進展してきたのであろうか。第二次大戦後、国連を中心と

するプロセスとしては、まず人権基準を設定し、これを法典化していく作業、すなわち多数国間条約の締結をあげることができるであろう。国際組織の他、NGO も広くこのプロセスに関与し、重要な役割を担ってきた。歴史を遡れば、前述の奴隷貿易禁止の事例もその一例であると言うことができよう。

　国連は人権条約の採択において主要な役割を担ってきており、それは国連総会における世界人権宣言の採択、ジェノサイド条約の締結を端緒とする。1966 年には国連総会において国際人権規約が採択され、1976 年には自由権規約、社会権規約ともに発効する。この他、人種差別撤廃条約や女性差別撤廃条約等、個別分野における条約も採択されてきている。地域レベルにおいては、ヨーロッパ人権条約、米州人権条約、アフリカ諸国によるバンジュール憲章の締結等が行われてきた。アジアにおいては ASEAN 人権宣言がある。このように人権の国際的保障は主として第二次大戦後の国連システムにおいて発展してきたが、今日、国連を中心とする普遍的組織、ヨーロッパ人権条約等の地域的条約システム等、様々なプロセスを通じて強化されてきているわけである。

　国際社会においては上記の奴隷貿易禁止をその一例とするように、まず人権基準の設定が行われ、続いてその実施が重要な課題となっていく。人権の実施過程においては、監視のためのメカニズムは大変に重要である。具体的な監視のメカニズムとしては、人権諸条約において採用されてきている個人通報制度や国家報告制度が有用であるとされる。それらは条約が設立した国際的な委員会による勧告手続等を有するものである。さらに、今日の国連人権理事会においては、普遍的定期審査が行われてきている。

個人通報制度や国家報告制度が整備された人権諸条約に加入することにより、国家は国内的人権保障の実現を条約義務として課され、具体的なメカニズムを通じて履行確保がはかられることとなる。国際組織、NGO は人権保障の監視にも関与し、人権保障の促進のために活動してきている。とくに NGO が新しい人権基準をもとに政府にはたらきかけていく現象は、国際人権法の実施・履行確保における NGO の重要性の指摘につながっている[122]。

　そのような実施・履行確保のメカニズムの中で、人権諸条約においてはとくに国家報告制度が基本的な国際的実施制度であると言うことができる[123]。すなわち、ヨーロッパ人権条約のように強制的管轄権を有する裁判所が設置されることは例外的であり、自由権規約等にみられる個人通報制度にしても条約上の制度としては選択的であることから、基本的には国家報告制度を通じて履行確保がはかられることとなる。国家報告制度が実効性を有しているか否かについては議論があるが、国際的なフォーラムにおいて度重なる注意喚起を受けることは、国家の行動の変化に影響を与えると考えられている。しかしながら、なお問題点も多く存在していると言わなければならないであろう。

　本章においては、そのような人権条約における国家報告制度の事例として、拷問等禁止条約の国家報告制度をとりあげる。拷問等禁止条約に関しては多数の優れた先行研究が存在する[124]。本章においては、具体的事例として 2013 年に拷問禁止委員会が採択した日本の第 2 回定期報告書審査に関する総括所見を検討することによって、今日の国家報告制度の有する意義と限界について考察したいと考えている[125]。拷問等禁止条約が対象とする問題についても、たとえば国際司法裁判所といった紛争解決手続に

よって取り扱われるケースは希であり、基本的な履行確保の制度は国家報告制度である[126]。今日の国家報告制度の有する意義と限界について考察することによって、国際人権法の課題である履行確保に関する問題点が明らかになると考える。

I　国際人権法における国家報告制度

1　国家報告制度の意義

　人権条約における国家報告制度の機能については、国連の『人権報告マニュアル』に詳述されているが、これを整理したのは著名な国際人権法学者であるフィリップ・オールストン（Philip Alston）である。オールストンによれば、国家報告制度には以下のような機能がある。

　第一に人権条約に国家報告制度が課されていることにより、国家は条約の締約国となる前、あるいは直後に国内の法制度や慣行等を条約義務の観点から再検討することになるが、このことを国家報告制度の重要な機能のひとつとして位置づけることができる。第1回政府報告書の提出は、条約義務に関する国家による最初の再検討の機会となるわけである。国家報告の準備にあたって締約国は、国内の法制度、行政規則・手続き、慣行等を条約義務の観点から、幅広い関連省庁の関与のもとで包括的に再検討することが必要となる[127]。国家報告制度が有するこのような機能を再認識することは、総括所見等の法的拘束力の有無について論じることよりも重要であると言うことができよう。

　第二に、国家報告においては、これを審査する委員会が、締約国に対し、国内法制度を形式的に報告するだけでは十分ではない

と指摘し、統計資料や追加情報の提出等を求めることが一般的である。そのため、締約国の側では国内の実際の状況に関する調査が必要となり、国家報告の準備は締約国の国家機関が国内における実地調査等のモニタリングを行う機会を提供する。委員会が統計資料等を要求することにより、締約国にとっては国内の様々な地域や集団に関する調査を行う機会ともなる[128]。これらもまた、国家報告制度の重要な機能であると言うことができよう。

　第三の点として、締約国の文化や伝統に根ざしたような要素が人権問題の背景にある場合、長期的な政策的対応が必要とされる場合がある。すなわち、単に関連する国内法の改正や行政的な慣行の改善のみでは目的が達成できないような人権問題が存在するわけである。人種や性に根ざした差別等はその一例であろう。そのような場合に、委員会も即時の実現を期待しているのではなく、国家報告制度には触媒機能としての可能性があると考えられているのである。すなわち、政府報告書の作成過程は、慎重に政策を策定し、時間をかけて条約の遵守を実現していく機会を締約国に与えることとなる[129]。国家報告制度のプロセスを長期的なプロセスとしてとらえる視点が必要とされよう。

　第四の点として、政府報告書の準備は締約国当局に対して、国内の様々な社会的、文化的セクターと協議する機会を提供することとなる。国家報告のプロセスはNGOを含め、国内の様々なセクターからの意見を汲み上げていくことにより、国家政策に関する国内の議論の進展に貢献する[130]。国家報告制度が有するこのような機能は積極的に受け止め、発信していくことも必要とされよう。

　第五の点として、定期的に国家報告が行われる、すなわち一定

の期間をあけて再評価が行われるということは、その期間内の進捗状況を評価する良い機会となる。委員会もまた、前回の政府報告審査との比較において問題点を指摘する傾向がある[131]。国家報告制度を継続的なプロセスとしてとらえ、対応していくことは重要な点であろう。

第六の点として、政府報告書には、当然のことながら条約に関し、進展的な事項の報告のみではなく、国家による問題の把握と指摘を含むことが要求されるため、国家報告制度自体が締約国に対し、問題を認識する良い機会を提供することとなる。どのような締約国であっても、条約義務の完全な実施は不可能なのであって、問題の早期解決が困難であっても問題を認識すること自体に意義があると言うことができる[132]。この点は国家の側でも、より柔軟な認識、対応をこころがけることが重要であると言えるのではないであろうか。

第七の点として、国家報告のプロセスは共通の問題に関する情報を収集する機会となり、締約国がお互いに報告制度を通じて対応を学ぶことができる[133]。締約国相互の意見交換の機会も重要であると言うことができよう。

日本においてもこのような国家報告制度の機能については一般的に理解が深まってきていると考えることができることから、今後はさらに積極的に評価し、発信をしていくことが重要であろう。

2 拷問等禁止条約における国家報告制度の概要

拷問等禁止条約第19条1項によれば、締約国は条約発効から1年以内に第1回報告書を提出し、その後は4年ごとに提出する

こととなっている。すなわち「締約国は、自国がこの条約に基づく約束を履行するためにとった措置に関する報告を、この条約が自国について効力を生じた後1年以内に、国際連合事務総長を通じて委員会に提出する。その後は、新たにとった措置に関する補足報告を4年ごとに提出し、及び委員会が要請することのある他の報告書を提出する」旨の規定であるが、実際にはこのスケジュール通りに国家報告審査が行われているわけではなく、締約国による政府報告書の提出は期限よりも遅れることが多い。

第1回報告書は2部構成をとり、第1部では全般的な背景情報、第2部では条約の個々の実体規定について述べたものとされている。ただし、この点については、2007年以降、拷問禁止委員会は定期方向書が提出される前に質問票を作成し、締約国に送付、締約国からの質問票への回答自体が第2回目以降の締約国の報告書とするという試行的な手続きを採択した[134]。日本も第2回政府報告書においてはこの形式を選択している。「質問票先行方式（List of Issues Prior to Reporting）」は選択的なものであるが、その目的は、手続きを簡易にすることによって、国家報告制度に関する締約国の負担を軽減することである。締約国にとっては従来の形式の国家報告書提出を選択することも可能である。後に詳述するが、この「質問票先行方式」の選択が締約国にとって常に望ましいものであるかという点については検討の余地がある。

拷問等禁止条約は17条において条約の実施措置の一環として拷問禁止委員会の設置を定めている。政府報告書の審査等はこの委員会が行うこととされている。17条1項は「委員会は徳望が高く、かつ、人権の分野において能力を認められた10人の専門家によって構成され、これらの専門家は、個人の資格で職務を遂

行する」と規定している。さらに同項は委員について「締約国
が、委員会の委員の配分が地理的に衡平に行われること及び法律
関係の経験を有する者の参加が有益であることを考慮して選出す
る」としている。実際に、選出された委員には裁判官や国際法学
者等の経歴を有している者が多く含まれている。

　2018 年時点での委員には裁判官、学者、外交官の他に医師、
人権実務家等の経歴を有する委員がいる。「委員の配分が地理的
に衡平に行われること」という観点からは、現時点ではアジアよ
り 1 名（中国）、アフリカより 2 名（モロッコ、チュニジア）、北
米より 1 名（米国）、中南米より 2 名（メキシコ、コロンビア）、
西欧より 2 名（フランス、デンマーク）、東欧より 2 名（ロシア、
モルドバ）といった構成である[135]。委員の任期は 4 年であり、
再選は可能である。実際に再選されている委員も多い。2 年ごと
に半数、すなわち 5 名を改選することとなっており、選挙は 2 年
ごとの締約国会合において、締約国の秘密投票によって行われ
る[136]。

　前述の通り第 2 回目以降の国家報告では締約国は「質問票先行
方式」を選択することができるようになった。この場合の「質問
票」は拷問禁止委員会の 2 名の国別報告者が原案を作成する。政
府報告書の審査過程において、2 名の国別報告者は主要な役割を
果たす。質問票案は過去の政府報告書や委員会勧告、NGO 等か
らの提供情報をもとに作成されていくが、当該締約国の審査予定
会期の前会期に委員会全体に提示し、コメントを集め、最終的な
質問票が作成されることとなる[137]。

　国家報告審査においては単なる書面審査だけではなく、締約国
代表が公開審議の場に招請されて委員と質疑応答を行うわけであ

るが、ここでは「建設的対話」が行われることが期待されている。そして委員会が採択する総括所見は、国家報告審査の総括として肯定的側面の他、主要な懸念事項及び勧告を含む委員会の立場として当事国に提示されるわけである。

Ⅱ　拷問等禁止条約における日本の第2回定期報告書審査概要

1　日本の審査状況

日本については第1回国家報告書審査が2007年に、第2回審査が2013年に行われている。日本が拷問等禁止条約の締約国となったのは1999年のことであるから、最初の報告書の提出期限は2000年7月であったところ、第1回報告書の提出が行われたのは2005年12月のことであり、予定よりも大幅に遅れている。他方、第2回報告書の提出期限は2011年7月15日であったところ、第2回報告書は同年7月18日に提出されている。2015年6月15日の質問票を受けて、2017年5月31日が第3回報告書の提出期限であったが、2018年9月現在において、未だ第3回報告書は提出されていない。

もとより国家報告制度において、人権条約の実施状況について委員会よりまったく問題を指摘されない国家は存在しないわけであり、重要な点は、総括所見を受けてのフォローアップということになる。総括所見には法的拘束力はないが、条約の遵守義務は存在しているわけであるから、国家として条約を遵守する意思を示すことが求められる。総括所見において指摘されている問題のすべてに直ちに対応することが困難であるにせよ、指摘されてい

る項目のうちのいくつかについて積極的に対応していくことは重要であろう。

　日本に関する第1回審査の国別報告者は、スペインのメネンデス委員（Fernando Marino Menendez）とロシアのコヴァレフ委員（Alexander Kovalev）であった[138]。第1回審査の概要および争点については先行研究も多く存在しているが、後述するように第2回審査の総括所見において「前回の総括所見における勧告を繰り返す」あるいは「委員会による前回の勧告に照らし」といった表現が多くみられることからもわかるように、第1回審査の結果、日本に関して指摘がなされた諸点は、法改正や行政による迅速な対応が容易ではない根本的な問題が多く含まれていたと言うこともできるであろう[139]。

　第2回審査においてはスペインのメネンデス委員が再び国別報告者を務めたが、ロシアのコヴァレフ委員はすでに委員の任期を終えており、もう1名の国別報告者の任にあたったのはジョージアのトゥグシ委員（George Tugushi）であった[140]。2013年5月21日および22日に開催された第1152回および1155回会合において日本の第2回定期報告は審査された。第2回報告に対してなされた2013年6月18日付の拷問禁止委員会の最終見解においては、いくつかの項目について一年以内のフォローアップ情報の提供が要請された[141]。これに対しては2015年3月13日に日本政府の回答が行われ[142]、2018年9月現在においては第3回報告書提出のための準備が日本政府により引き続き行われている段階である。第3回報告書審査に先立って、2015年6月15日付で拷問禁止委員会から質問票が提示されている[143]。

　さて、日本においては人権条約の国家報告制度はどのようにと

らえられているであろうか。2013 年 6 月の参議院における政府
答弁は、拷問禁止委員会の総括所見における勧告について、「法
的拘束力を持つものではなく、拷問等禁止条約の締約国に対し、
当該勧告に従うことを義務付けているものではないと理解してい
る」としている [144]。この点については国家報告制度の尊重とい
う観点からは疑問が提示されているところである [145]。

　本件政府答弁が対応している質問主意書について明確にしてお
くと、これは「国連拷問禁止委員会は、政府当局者や公的な人物
などによる事実を否定し、そのような反復的否定によって被害者
に再び精神的外傷を与えるような動きには反駁すること、関連す
る資料を公開し、諸事実を徹底的に調査すること等々と勧告して
いる。政府は、これらの勧告を受け止め必要な措置を講ずるべき
ではないか」という内容であった [146]。

　他方、2007 年に第 1 回政府報告書審査に関連して、刑事司法
等の問題について衆議院において質問がなされた際には、政府は
答弁書において「法的拘束力を有するものではないが、その内容
等を十分に検討した上、政府として適切に対処していく必要があ
ると考えている」といった表現を用いている [147]。

　総括所見が法的拘束力を持つものではないことは、国際法の解
釈として誤っているとは言えないが、他方で締約国に条約の遵守
義務があることも明らかであることから、政府答弁には慎重を期
す必要性がある。

2　拷問の定義および時効

「拷問の定義」の問題は「定型的な質問事項」であるとされる
が、拷問等禁止条約第 1 条に含まれている全ての要素を網羅した

拷問の定義を採用するための措置を締約国がとっていないことが問題であるとされる。委員会は日本が拷問の定義を国内法に取り込んでいない点を問題としている。ここにおいては「前回の総括所見における勧告を繰り返す」旨の表現が用いられている[148]。

拷問等禁止条約1条1項は以下のように拷問を定義している。すなわち「この条約の適用上、拷問とは、身体的なものであるか精神的なものであるかを問わず人に重い苦痛を故意に与える行為であって、本人若しくは第三者から情報若しくは自白を得ること、本人若しくは第三者が行ったか若しくはその疑いがある行為について本人を罰すること、本人若しくは第三者を脅迫し若しくは強要することその他これらに類することを目的として又は何らかの差別に基づく理由によって、かつ、公務員その他の公的資格で行動する者により又はその扇動により若しくはその同意若しくは黙認の下に行われるものをいう。」

この定義は苦痛を与える目的を列挙している。また、この目的のリストは網羅的なものではなく例示的なものであると言うことができよう。すなわち例示されているものと同様な目的をもって行われたものを含むという考え方をとることができる[149]。また、条約は拷問と、そのほかの残虐、非人道的、品位を傷つける行為を区別している。後者については条約第16条に規定がある。16条は防止を規定しているが、4条の「締約国は、拷問に当たるすべての行為を自国の刑法上の犯罪とすることを確保する」の射程には入っていない。

この問題に関しては、ヨーロッパ諸国、たとえばノルウェー、オランダ等において刑法に拷問に関する規定が取り入れられる等の進展もみられるが、同じヨーロッパ諸国の中でもスウェーデ

第4章　国家報告制度：人権の国際的保障　99

ン、デンマーク、アイスランド等は委員会の勧告を重ねて受けているが法改正は行われていない[150]。

　今回、日本に対しては拷問について、適切な刑罰とともに、特定の犯罪として構成要件を含めるかたちで国内法に取り入れるべきであるとの指摘がなされている。日本政府報告書は、条約にいう拷問に当たる行為は刑法上、特別公務員暴行陵虐罪、特別公務員暴行陵虐致死傷罪等のほか、内容によっては、公務員職権濫用罪、暴行罪、傷害罪、遺棄罪、逮捕・監禁罪、脅迫罪、並びに、殺人罪、強制わいせつ、強姦罪、強要罪及びこれらの未遂罪等刑法等における種々の犯罪又はこれらの共犯に当たることから、敢えて、新たに条約における拷問の定義規定を設ける措置は講じていないと説明している[151]。本件については総括所見全体の中では対応が可能なものであると考えることもでき、条約遵守の意思を示すという観点からは積極的な検討が行われても良いのではないであろうか。

　時効の問題については、条約第4条の「締約国は、拷問に当たるすべての行為を自国の刑法上の犯罪とすることを確保する」、第12条の「締約国は、自国の管轄の下にある領域内で拷問に当たる行為が行われたと信ずるに足りる合理的な理由がある場合には、自国の権限のある当局が迅速かつ公平な調査を行うことを確保する」等の規定に関連する問題である。日本の国内法制において、拷問に関連する行為について時効となる可能性が残っていることに対する懸念が表明され、「前回の総括所見における勧告を繰り返す」旨の表現が用いられている[152]。第2回政府報告書においては、人を死亡させた犯罪のうち、死刑に当たる罪について公訴時効を廃止し、懲役・禁錮に当たる罪について公訴時効期間

を延長する内容の法改正がなされ、2010 年 4 月に施行された旨の説明がなされていた[153]。総括所見はなお不十分であるとする委員会の見解を示したものであるが、この点についても総括所見全体の中では対応が可能なものであると考えることもできよう。

3 収容状況等

総括所見パラグラフ 29 において委員会は、締約国に対し「被拘禁者に対する法的保護措置を確保または強化する」、「迅速、公平かつ効果的な捜査を実施する」、そして「拷問または不当な取り扱いの被疑者を訴追し、その加害者を罰する」という、総括所見のパラグラフ 10、11、および 15 に含まれている勧告について、2014 年 5 月 31 日までにフォローアップ情報を提供することを要請している[154]。このうちパラグラフ 10 は代用刑事施設、11 は取り調べと自白、パラグラフ 15 は死刑制度に関する項目である。これらの問題には主として収容状況等に関する懸念事項が含まれていると言うことができる。本稿においては第 3 章において、「主要な懸案事項」として争点となる諸問題について詳細に検討するが、パラグラフ 10 およびパラグラフ 11 については、「前回の総括所見における勧告を繰り返す」旨の表現が用いられている[155]。いずれも他の人権の国際的保障に関するメカニズムにおいても日本について長年、指摘がなされてきている問題であり、対応が難しい問題が残されてきていると言うこともできよう。

代用刑事施設については、総括所見が「代用監獄（Daiyo Kangoku）」という用語を引き続き使用している点にも注意すべきであろう。被疑者が逮捕から 72 時間の間、弁護士へのアクセスを制限され、最長 23 日間、拘禁され得る点等を委員会は問題

視しており、起訴前拘禁に対する司法的統制の欠如や不服申し立てメカニズムの欠如を懸念事項でとして指摘、捜査と拘禁の機能の分離を実際上も確保するための措置が必要である旨述べている[156]。取り調べと自白については、日本の司法制度が実務上、自白に強く依存しているとし、自白が弁護士のいない代用刑事施設での拘禁中になされることが多いことに対して懸念を表明、取り調べ時間の長さについては規定を設け、自白に依存しないような犯罪捜査手法の改善が必要であるとされている[157]。死刑制度については、死刑確定者に対して長期間の拘禁が行われ、弁護人による援助を受ける権利が妨害されていること、恩赦の権限が行使されていないこと等を問題視し、「委員会による前回の勧告に照らし」、予定されている死刑執行の日時を通知すべきこと、昼夜間単独室収容の規則の改訂、死刑確定者に弁護人による効果的援助を保障すること、死刑を廃止する可能性の検討等を要求している[158]。

　パラグラフ13は「収容状況」と題されている。ここでは過剰収容の問題、医療への不十分なアクセスの問題、心の健康の問題、第二種手錠や拘束衣の問題等の指摘がなされ、拘禁の代替として非拘禁措置の適用が指摘されているほか、被拘禁者を拘束する器具の全面的使用禁止の検討が求められている[159]。パラグラフ14は「昼夜間単独室収容」と題されており、長期間にわたって昼夜単独室収容が使用されている点を問題視し、国連被拘禁者処遇最低基準規則等を考慮すべきこと、基準の確立の必要性等の指摘がなされている[160]。

　この他、収容状況に関連する問題として退去強制については、退去強制を命じられた庇護申請者が長期のまたは期限の定めのな

い収容のもとにおかれることを問題視し、また収容決定に関する独立した再審査制度がないこと、拷問にさらされる危険性のある国への送還禁止について効果的な履行が行われていないことを指摘した後、収容が最後の手段としてのみ使われることを確保し、収容以外の選択肢を利用する必要性を指摘、入国者収容所等視察委員会の独立性・権限を強化すべきことを求めている。また、不服申し立てについては、独立した不服申し立ての仕組みが欠如している点を問題視している。退去強制について委員会は「委員会による前回の勧告に照らし」との表現を用い、また不服申し立てについては「前回の勧告を繰り返す」との表現を用いており、第一回審査との継続性を明確にしている[161]。

4 その他の事項

前述したパラグラフ10、11、15以外にフォローアップ情報の提供が求められた項目としては、「パラグラフ19（Victims of military sexual slavery）に含まれている被害者への賠償と救済」がある。また「女性に対する暴力およびジェンダーに基づく暴力」については、包括的な国家戦略の採用の必要性、被害者に告訴の仕組みへのアクセスを保障すること等が指摘されているが、ここでも「委員会の前回の勧告に照らし」との表現がみられる[162]。

総括所見においては、その他、「人身取引（パラグラフ21）」については、国連特別報告者による勧告の完全実施が求められており、「精神医学的ヘルスケア（パラグラフ22）」については、非自発的治療と収容に対する効果的な司法的コントロールの確立等が求められている。さらに「体罰（パラグラフ23）」について

は、法律によって明確に禁止すべきであるとしている[163]。

　総括所見はさらに「国内人権機構が設立されていないことに対する懸念の表明（パラグラフ 16）」、「研修プログラムの開発、強化の要請（パラグラフ 17）」、「拷問の被害者が救済及び適切な補償を得ようとする際に直面する困難の指摘と改善の要請（パラグラフ 18）」等の内容を有している[164]。

Ⅲ　拷問等禁止条約に関する主要な懸案事項

1　質問票先行方式と主要な懸案事項

　主要な懸案事項であると考えられる諸事項の中には、日本の刑事司法の根幹に関わるととらえられるような問題も含まれており、様々な国際的人権保障のメカニズムにより検討が行われてきている。長年にわたって国際的な条約機関等からの勧告等が行われてきても、一方では日本の刑事司法の特徴から、勧告の実施が困難であるととらえられてきている項目もある。他方、実務の側からも、国家報告制度の意義に関する指摘も行われてきていることには留意すべきであろう[165]。すなわち、国家報告制度の意義については、政府の側からも積極的な評価も含めて行われてきているということである。

　他方、主要な懸案事項について、前章において概説した通り、委員会から「前回の勧告を繰り返す」、「前回の勧告に照らし」といった表現で重ねて指摘がなされていることから、国家報告制度のプロセスについて、ある種の閉塞感があることも否めないであろう。この点について、質問票先行方式は政府の側からの発信という点において限定を加えることとなるので、もともとの国家報

告の形式に戻ることも一案かとも考えられるが、この場合にも、NGOからの情報提供、委員会との「建設的対話」を通じて、結局は主要な懸案事項については繰り返し審議されることになるわけであるから、むしろ、日本の制度について、必要な部分に関しては、さらなる説得力のある説明を加えるということが必要となるとも考えられよう。

総括所見については、勧告にあたる部分として、それぞれの項目について複数の要請事項がある。その中には政府として実施が大変に困難であるものと、一般的には技術的事項ともみなされ得るため、委員会、また国際社会の側から実施が当然視され、これに対応しないことによって条約遵守の意思が疑われるような内容のものも含まれている。この点において、すべてに対応することができる国家は存在しないと言っても過言ではないのであるから、実施可能な項目をまずは選んで、積極的な実施の姿勢を見せることも重要であろう。

2 退去強制

本節における最初の検討事項として、退去強制の問題に焦点をあてるのは、本件については、拷問禁止委員会との相互作用の中で、建設的な進展もみられてきている事項であると考えられるからである。条約第3条において規定がなされているノン・ルフールマン（送還禁止）原則の遵守の問題や、庇護希望者が入管施設にしばしば長期にわたって収容され、仮放免の可否が入管当局の裁量に委ねられている問題、入国者収容所等視察委員会の独立性の問題、被収容者からの不服申立て審査の問題等は重要な懸案事項として存在していた。

第 4 章　国家報告制度：人権の国際的保障　105

　質問票先行方式による第 2 回報告書においては、2009 年に出入国管理及び難民認定法の一部改正を行い、53 条 3 項 2 号に拷問等禁止条約 3 条 1 項に規定する「拷問が行われるおそれがあると信ずるに足りる実質的な根拠がある国」を含まないことを明文化したことについて回答している[166]。この点について、2007 年 6 月の衆議院における質問、すなわち「明確な形で条約の内容に沿った法改正を行うべきであると考えるがどうか」という質問に対しては「ご指摘のような改正の必要性はないものと考えている」旨回答していたが、実際には 2009 年に法改正が行われている[167]。

　庇護申請や送還手続きにおいて適正手続きを確保するためにとった措置については、送還先が送還禁止規定に抵触するか否かについては、退去強制手続きの各段階、すなわち入国警備官による違反調査、入国審査官による審査、特別審理官による口頭審理、さらには異議申し出に係わる調査において必要な供述を得るなど関係資料を収集したうえで、最終的には主任審査官がその判断をし、また退去強制令書の執行に際してはその対象である外国人にその内容を正確に伝えていること、2010 年には法務省入国管理局と日弁連との間において出入国管理行政における収容にまつわる諸問題を協議する場を持つこととするとともに、弁護士会が無料で入国者収容所等に収容中の被収容者からの法律相談に応じることなどについて合意した旨の回答をしている[168]。

　このような状況をふまえて、第 2 回審査の総括所見においては、本件についてどのような評価がなされたであろうか。前述の通り、ノン・ルフールマンの原則については、第一回審査の総括所見において勧告が行われたことから、日本においては「出入国

管理及び難民認定法」の53条3項を改正し、退去強制先として「次に掲げる国を含まないものとする」とし、「拷問等禁止条約第3条1項に規定する国」と明記した。この点については、総括所見において「肯定的要素」の諸項目の中で評価がなされているという点は特筆すべきであろう。すなわち「委員会は、締約国によって講じられた以下の立法措置を歓迎する」とし「2009年7月に発効した出入国および難民認定法の改正」が明記されているわけである[169]。同時に、総括所見においては、なお「効果的な履行が欠如している」旨の指摘がなされている。また退去強制を控えた長期にわたる収容の実情に対しては「庇護申請者の収容は最終手段」であり、「収容期間に上限を導入すべき」であり、「収容に代替する措置を活用すべき」であると指摘されている[170]。

　総括所見の「肯定的要素」に位置づけられた評価もなされている点において、本件は国家報告制度への今後の対応という点で示唆するところがあるのではないであろうか。

3　代用刑事施設

　「刑事収容施設及び被収容者等の処遇に関する法律」は第15条において「〜刑事施設に収容することに代えて、留置施設に留置することができる」と規定しているわけであるが、本件については、警察留置場での起訴前拘禁に対する効果的な司法的統制の欠如という観点から問題視された。

　「質問票先行方式」による第2回政府報告においては、日本の側からは「刑事収容施設及び被収容者の処遇に関する法律」において明文化された捜査機能と留置機能の分離を徹底しており、警察庁または警察本部の職員が留置施設を巡回する制度、留置施設

視察委員会が留置施設を視察して留置業務に関する意見を出す制度、被留置者からの不服申し立てを処理する制度の運用について説明している。また、捜査を担当しない部門に属する留置担当官が被留置者の処遇を行うことを徹底している旨回答している[171]。

被留置者が留置施設に身柄を拘束され得る日数を国際的な最低基準に合致するよう削減することについては、刑事訴訟法において 23 日間に制限していることが適正かつ合理的であると回答している。取り調べにおける弁護人の立ち会いについては、取調官が被疑者と向き合い、聴取・説得を通じて信頼関係を築きつつ、被疑者から真実の供述を得ることにより事案の真相を解明するという取り調べの本質的機能が阻害されるおそれがあること、各種の捜査手法や情報源等を逐一弁護人に知られることを避けるため、取調官が被疑者に対して十分な質問を行うことができなくなること、取調べに弁護人の立会が必要となれば、限られた身柄拘束期間内に迅速に十分な取り調べを遂げることが困難になることを問題としてあげ、慎重な検討が必要であると回答している[172]。

これに対して、総括所見における勧告には「締約国の法制度とその運用を、国際基準に完全に合致させるように、代用監獄制度の廃止を検討すること」との踏み込んだ内容も含まれている[173]。このような状況からは、日本政府の見解と委員会の見解とは調整不能であるという閉塞感がただよっているような印象を受ける。他方、パラグラフ 10 において勧告されている項目は 4 項目であり、上記の他、「捜査機能と留置機能の分離を実際に確実なものにするため、立法およびその他の措置を取ること」、「被留置者を警察の留置施設に身柄拘束できる最長期間を制限すること」、「取調べの全過程において、弁護士に秘密裏にアクセスする権利、逮

捕された瞬間から法的支援を受ける権利、自らの事件に関する全ての警察の記録にアクセスする権利、独立した医療支援を受ける権利、親族にあう権利を含む、全ての被疑者の起訴前勾留におけるあらゆる基本的な法的保護措置を保障すること」といった包括的な内容の勧告がなされている。このような勧告の中にはいくつかの点において実施可能なものも含まれているのではないかと考えられ、一定の対応をしておくということが条約遵守の意思を示すという点において重要であろう。

4 取調べと自白

刑事訴訟法 319 条 1 項は「強制、拷問または脅迫による自白、不当に長く抑留または拘禁された後の自白その他任意にされたものでない疑のある自白は、これを証拠とすることができない」旨規定している。本件については、実務上、自白に強く依存しており、自白がしばしば弁護士のいない状態で代用刑事施設において獲得されているのではないかという懸念がもたれていた。

第 2 回国家報告においては、日本は、検察官は従来から争いのない事案であっても、自白のみに依拠することなく、裏付け証拠はもとより、客観証拠を十分に収集し、的確な証拠によって有罪判決が得られる高度の見込みのある場合に限って起訴することとしており、公判においても、同様に、客観証拠に基づく十分な立証を行っているのであって、「主に自白に基づいて」有罪判決が下されているものではないと回答している[174]。

また、警察において取り調べはやむを得ない理由がある場合のほか、深夜にまたは長時間にわたり行うことを避けなければならないこと、午後 10 時から翌日午前 5 時までの間に被疑者取り調

べを行う場合や、1日につき8時間を超えて被疑者取り調べを行う場合には、警察署長等の捜査責任者の事前の承認を受けなければならないことおよびこの事前の承認を受けずにこのような取り調べを行った場合、取り調べの中止その他の措置を講ずることについて、内部規則に明記していると回答している[175]。

　これに対して総括所見は日本の司法制度が実務上、自白に強く依存しているとし、犯罪捜査手法の改善の必要性を指摘している。ここにおいても、日本政府の主張と委員会の見解とは平行線であって、相容れないという印象を受ける。しかしながら、総括所見の勧告を詳細に検討してみると、その中には、「取調べの時間制限について規則を作り、その不順守の場合に、適切な制裁を設けること」、「強制、拷問、脅迫、または長期間にわたる逮捕や勾留の末になされた自白で、刑事訴訟法第319条1項に基づき証拠として認められなかったものの件数を委員会に提供すること」といった対応が必ずしも不可能ではない項目も含まれている[176]。ここにおいてもいくつかの点において勧告に対応していくという姿勢が条約遵守義務との関係においては重要となろう。

5　死刑制度

　死刑制度については拘禁状況、弁護人による援助を受ける権利、自動上訴性の導入等が問題とされていた。第2回国家報告審査においては、「死刑執行の即時モラトリアム」に関して、日本においては国民世論の多数が、極めて悪質・凶悪な犯罪については、死刑もやむを得ないと考えていることや死刑の執行が停止された後にこれが再開された場合には、死刑確定者に執行されないという期待をいったん持たせながらこれを覆すことになり、か

えって非人道的な結果にもなりかねないなどの理由から、死刑執行の即時モラトリアムは適当ではないと考えている旨、回答している。また、死刑執行の告知については、本人に当日より前に告知した場合には、その心情の安定を害することが懸念されるとともに、かえって過大な苦痛を与えることにもなりかねないと考えられるとしている。家族等についても、無用な精神的苦痛を与えること、本人との面会が行われた場合に、本人が執行の予定を知った場合、弊害が懸念されることなどから、現在の取り扱いはやむを得ないと考えている旨、回答がなされている[177]。

　総括所見においては、拘禁状況に関する懸念が表明されている。死刑執行の日時が事前に告知されない点を人権侵害であるとし、死刑確定者、家族に対する事前通知を要求している。また、死刑確定者がしばしば長期にわたる昼夜間単独室収容の状況におかれることを懸念し、規則改訂を要求している。さらに、弁護士との面会に秘密性が保障されていない点について、弁護人による援助を受ける権利に対する妨害であるとする。この点においては弁護人による援助の保障、弁護士との面会における秘密性の保障を要求している。死刑事件に義務的な上訴制度がないことも問題であるとし、義務的再審査制度の導入を要求している。2007年以降、恩赦が行われていないことを指摘し、手続きの透明性の欠如を懸念、恩赦・減刑・執行猶予等を利用可能とすることを要求している。また、精神疾患が認定されたケースにおいて死刑が執行されたことがあるとし、精神疾患の証拠がある場合、独立した再検討を行い、刑事訴訟法479条1項に従って、精神疾患の場合に死刑が執行されないことを確実にするよう要求しているが、刑事訴訟法479条1項は「死刑の言い渡しを受けた者が心神喪失の

状態にあるときは、法務大臣の命令によって執行を停止する」と規定しているものである。さらに総括所見は死刑確定者のデータ（性別、年齢、民族、犯罪）の提供を要求し、死刑廃止の可能性について検討することを要求している[178]。

　ここにおいても多様な勧告がなされており、データの提供のような技術的問題とみなされる点については積極的な対応が求められていること、「死刑廃止」が勧告されているのではなく、「死刑廃止の可能性の検討」が勧告されていることから、この点での対応は可能ではないかという見方もあることに留意する必要があろう。

おわりに

　これまで検討してきた通り、二度の国家報告審査を通じて、日本においても広範な分野において拷問等禁止条約の履行確保がはかられてきているということができる。同時に国家報告制度は基本的には国家の自主的な改善措置等に期待するものである。

　2015年3月13日付の日本政府コメントにおいては「代替収容制度を廃止することは現実的ではないと認識している」、「死刑を廃止することは適当ではないて考えている」等の回答がなされている[179]。

　日本に対する拷問禁止委員会の総括所見が問題点として指摘している事項の多くは、他の人権諸条約等においても指摘されてきているところであり、懸案事項としては対応が難しい諸点が残されてきているという側面もある。国家報告の形式として、質問票先行方式は、このような場合には締約国にとって、やや不利な状

況をつくり出す可能性があるという点も検討に値するであろう[180]。他方、条約第 22 条の個人通報制度については、「条約の実施の効果的な担保を図るとの趣旨から注目すべき制度と認識」し、「同制度の受け入れの是非につき真剣に検討を進めていく」としたことは注目すべきである。

人権のモニタリングにおいては NGO の活動を積極的に評価する考え方もある。NGO についてはその公正性、独立性について組織ごとに十分な検討がなされる必要があるが、その意義については国際社会において共通理解があると言って良いであろう。人権の国際的保障については強制的手法をとることは困難であるから、国家報告制度等の履行確保措置のさらなる発展が期待されるところである。日本もこのような制度のもつ積極的な側面についてさらに発信もしていく努力をする必要があろう。

〈注〉

121 Hurst Hannum, S. James Anaya and Dinah L. Shelton, *International Human Rights, Problems of Law, Policy and Practice, Fifth Edition*, Wolters Kluwer, 2011, pp.3-5.

122 Margaret P. Karns and Karen A. Migst, International Organizations: The Politics and Processed of Global Governance, Second Edition, Lynne Rienner Publishers, 2010, p.467.

123 申惠丰『国際人権法－国際基準のダイナミズムと国内法との協働－』(信山社、2013 年) 51 頁。

124 たとえば以下参照。

Burgers, J. Herman and Danelius, Hans, *The United Nations Convention against Torture: A Handbook on the Convention against Torture and Other Cruel, Inhuman, or Degrading Treatment or*

第 4 章　国家報告制度：人権の国際的保障　113

Punishment, Nijhoff, 1988.

125　UN Document, CAT/C/JPN/CO/2, 28 June 2013.

126　Shah, Sangeeta, "Questions Relating to the Obligation to Prosecute or Extradite (Belgium v Senegal)," *Human Rights Law Review*, Vol.13, No.2, 2013.

127　United Nations, *Manual on Human Rights Reporting*, United Nations, 1997, p.21.

128　*Ibid.*, pp.21-22.

129　*Ibid.*, p.22.

130　*Ibid.*, pp.22-23.

131　*Ibid.*, p.23.

132　*Ibid.*, p.23-24.

133　*Ibid.*, p.24.

134　阿部浩己・今井直・藤本俊明『テキストブック国際人権法　第3版』（日本評論社、2008 年）123 頁。

135　2018 年時点における拷問禁止委員会委員は以下の 10 名である。

　　Mr.Kening ZHANG　中国（学者、外務省法律顧問）

　　Ms.Saadia BELMIR　モロッコ　（裁判官）

　　Mr. Abdelwahab HANI　チュニジア（国際人権専門家）

　　Ms.Felice GAER 米国（国際人権専門家）

　　Mr. Claude HELLER ROUASSANT　メキシコ（外交官）

　　Mr. Diego RODRÍGUEZ-PINZÓN　コロンビア（学者）

　　Mr. Sébastien TOUZE　フランス（学者）

　　Mr.Jens MODOVIG　デンマーク（医師）

　　Mr. Bakhtiyar TUZMUKHAMEDOV　ロシア（裁判官）

　　Ms. Ana RACU　モルドバ（学者）

136　拷問等禁止条約 17 条 5 項は「委員会の委員は、4 年の任期で選出され、再指名された場合には、再選される資格を有する。最初の選挙において選出された委員のうち 5 人の委員（これらの委員は、

最初の選挙の後直ちに、3 に規定する会合において議長がくじで定めるものとする。）の任期は、2 年で終了する」旨規定している。

137　阿部浩己・今井直・藤本俊明 『前掲書』122 頁。

138　UN Document, CAT/C/JPN/CO/1, 3 August 2007.

139　第 1 回審査に関する先行研究としては、たとえば以下がある。
日本弁護士連合会編『改革を迫られる被拘禁者の人権 − 2007 年拷問等禁止条約第 1 回政府報告書審査』（現代人文社、2007 年）
村井敏邦・今井直監修：拷問等禁止条約の国内実施に関する研究会編著『拷問等禁止条約をめぐる世界と日本の人権』（明石書店、2007 年）。

140　UN Document, CAT/C/JPN/CO/2, op. cit.

141　*Ibid.*

142　UN Document, CAT/C/JPN/CO/2/Add.1, 13 March 2015.

143　UN Document, CAT/C/JPN/QPR/3, 15 June 2015.

144　内閣参質 183 第 118 号、平成 25 年 6 月 18 日、3 頁。

145　拷問等禁止条約に関するワーキング・グループ（大橋毅・田鎖麻衣子・須田洋平・大崎克之・小池振一郎・鈴木隆文）「国連拷問禁止委員会第 2 回日本政府報告書審査を踏まえて」『自由と正義』Vol.64, No.9 （2013 年） 62-71 頁。

146　参議院　質問第 118 号、平成 25 年 6 月 10 日、4 頁。

147　内閣衆質 166 第 368 号、平成 19 年 6 月 15 日、1 頁。

148　UN Document, para 7.

149　Hurst Hannum, S. James Anaya and Dinah L. Shelton, op. cit., p.334.

150　McQuigg, Ronagh, "How Effective is the United Nations Committee Against Torture?" *European Journal of International Law*, Vol.22, No.3, 2011, pp.813-828.

151　UN Document, CAT/C/JPN/2, 15 Sepcamber 2011, pp.1-4.

152 UN Document, CAT/C/JPN/CO/2, op. cit., para 8.

153 UN Document, CAT/C/JPN/CO/2, op. cit., p..53.

154 UN Document, CAT/C/JPN/CO/2, op. cit., para 29.

155 *Ibid.*, paras 10 and 11.

156 *Ibid.*, para 10.

157 *Ibid.*, para 11.

158 *Ibid.*, para 15.

159 *Ibid.*, paras 13.

160 *Ibid.*, paras 14.

161 *Ibid.*, paras 9 and 12.

162 *Ibid.*, paras 19 and 20.

163 *Ibid.*, paras 21,22 and 23.

164 *Ibid.*, paras 16,17 and 18.

165 林谷浩二「拷問等禁止条約の履行状況に関する政府報告審査について」『刑政』124 巻 11 号、2013 年、44 頁～ 53 頁。

166 UN Document, *supra* note 29, pp.24-25.

167 内閣衆質 166 第 368 号、平成 19 年 6 月 15 日、14-15 頁。

168 UN Document, CAT/C/JPN/2, op. cit., pp.27-28.

169 UN Document, CAT/C/JPN/CO/2, op. cit., para 5.

170 *Ibid.*, para9.

171 UN Document, CAT/C/JPN/2, op. cit., pp.5-6.

172 *Ibid.*, pp7-10.

173 UN Document, CAT/C/JPN/CO/2, op. cit., para 10.

174 UN Document, CAT/C/JPN/2, op. cit., pp.13.

175 *Ibid.*, pp.14-15.

176 UN Document, CAT/C/JPN/CO/2, op. cit., para 11.

177 UN Document, CAT/C/JPN/2, op. cit., pp.16-22.

178 UN Document, CAT/C/JPN/CO/2, op. cit., para 15.

179 UN Document, CAT/C/JPN/CO/2/Add.1, op. cit.

180 UN Document, CAT/C/JPN/QPR/3, op. cit.

第5章　国際組織の活動：人間の安全保障

はじめに

　国際組織法は、「主権国家の合意に基づく主権国家間の法である伝統的な国際法の体系とその歴史的発展とに対して独特の地位を占め、しかもそのような国際法秩序に発展的かつ構造的な変容を加えようとすらする」とみなされ、「その法の具現である国際組織の独自の存在と機能に即して、それ自体ある程度まとまった独自の体系をなしている」と把握されている[181]。

　たとえば安保理は立法機関として設置されたわけではないが、「法の定立」に関する機能を有してきているとされる。とくに2001年9月の同時多発テロの発生を受けて、同月採択された安保理決議1373によって、安保理による法の定立の役割が新しいレベルに進展したとの指摘がある。すなわち、本決議によって安保理は事件や期間を特定しないかたちで国家に対して義務を課しており、安保理があたかも立法機関であるかのように広範な問題について一般的義務を課すという手法の先駆けであるとされる。この手法は2004年の安保理決議1540、2014年の安保理決議2178につながる。

　また、国連総会にも「法の定立」に関連する現象がみられるとされる。すなわち、総会は予算や選挙といった内部的な問題を除いて、加盟国に対して拘束力のある決定を行うことはできない

が、総会における多数国間条約の採択や、総会が国際法の原則を宣言するような総会決議を採択することによって広義の法の定立に関わる現象に関与しているとする指摘である。総会決議の法的性質については学説上、見解が分かれているが、総会決議自体は法的拘束力を有しないとしても、たとえば慣習国際法の成立要件としての法的信念の証拠といったかたちで規範的価値を有するとされる。

「国際組織に関わる法は、国際組織の組織すなわち内部機関の構造、手続や権限などに関する法と、当該組織がその目的・任務として対象とする領域において展開する活動に関する法とから構成される[182]」が、国際組織の活動、すなわち国際組織による慣行が、しばしば後の条約の起草や慣習国際法の形成に影響を与えていることが認識されている。さらに、平和維持活動、開発援助、選挙監視、人道支援といった国際組織の業務活動が国際法の発展に与える影響に関する指摘も存在している。すなわち、国際組織の業務活動自体が新しい法をつくりだすことはできないが、「あいまいで不完全な規範」に対して実質を与えるという評価がなされることがある。国際社会において認識されている規範に基づいて国際組織が業務活動を行い、それが関係国の反応を伴うといった相互作用により、ソフト・ローがハードなものになるとする指摘であり、たとえばUNHCRの業務活動と「国内避難民に関する指導原則」の関係の事例等があげられる[183]。

そのような「問題の所在」を前提として、本章においては、1994年の国連開発計画（UNDP）による「人間開発報告書」[184]に採用されて以降、国連の場を中心にその主流化の試みがなされてきている「人間の安全保障」の概念に焦点をあて、具体的な国際

組織の活動が「人間の安全保障」の概念によって、実際に影響を
受けてきているという現象に着目し、これが条約の起草や慣習国
際法の形成に与える影響について分析する。国連加盟諸国におい
て「人間の安全保障」の概念は法的概念ではなく、政治的、政策
的概念であると認識されているが、個々の国際組織の活動は「人
間の安全保障」概念が登場したことによって変化してきていると
考え、この点に焦点をあてて検討してみたい。

　国際法の視点から「人間の安全保障」の概念を分析した先行研
究においては、「規範形成過程における非国家主体の参加」、「国
家主権の再検討」、「人道的干渉の正当性の主張」、「安全保障概念
の拡大」等を同概念の国際法に対する影響であるとする指摘があ
る[185]。「人間の安全保障」に関連する争点の多くは、既存の国際
法にとってまったく新しい争点というわけではない。個人の保護
を最優先する規範、とくに国際人権法や国際人道法の諸要素のう
えに「人間の安全保障」を構築することができると考えることが
できる[186]。そうであるとするならば、たとえばトリンダーデが
提唱する「人間的な国際法」すなわち「新しい万民法」とも親和
性を有する概念であると言えよう。たとえば国際人道法における
内戦の取り扱いに関する変化も、国家中心のアプローチから人間
中心のアプローチへの移行という文脈でとらえることができる。
タジッチ事件において旧ユーゴ国際刑事法廷が指摘した通り、こ
れまでの交戦状態と反乱を峻別する方式は、主権国家に基礎を置
く伝統的な考え方であったが、人間中心の視点からは、国家間の
戦争と内戦を区別する価値は失われており、国際法が「人間の保
護」の観点から、国家間の戦争と内戦の区別を重視しない方向へ
進むことは当然のことであるとも言えよう[187]。

Ⅰ　国連総会決議と「人間の安全保障」

1　「人間の安全保障」の主流化の歴史

　「人間の安全保障（Human Security）」とは何か。この概念は
マブーブル・ハクの議論を基に UNDP の報告書の中で指摘され
た概念である。日本政府も政府開発援助（ODA）の基本方針の
中に「人間の安全保障」を積極的に位置づけている。それは安全
保障の問題に国家中心の視点からではなく、人間中心の視点から
対処していくことを目的とする概念である。冷戦後、個人の安全
に焦点をあてた安全保障の概念が必要とされているという事実
を、国際社会が注視することを促したという点において、「人間
の安全保障」の概念の貢献を評価することができるであろう。

　「人間の安全保障」の主流化の歴史について論じる際に、人間
の安全保障委員会による 2003 年の報告書は重要な文書であ
る[188]。この委員会は 2001 年に当時のアナン事務総長が日本を訪
問した際、緒方貞子・元国連難民高等弁務官によって設置が発表
され、以降、5 回の会合を経て、アマルティア・セン共同議長と
ともに 2003 年、ニューヨークでアナン事務総長に提出されたも
のである。委員の中にはブラヒミ・元アルジェリア外相やサザラ
ンド・元ガット事務局長らが含まれていた。そこで採用された
「人間の安全保障」の定義においては、「人間の自由と充足を強化
するような方法で、すべての人間の生命にとってかけがえのない
中核部分を守ること」であるとされている[189]。

　日本政府はアジア経済危機への対応が契機となり、2000 年の
ミレニアム・サミットを経て、「人間の安全保障」を外交政策の

中に積極的に位置づけてきている。外務省が作成した資料においては「人間の安全保障は、人間の生存、生活、尊厳に対する広範かつ深刻な脅威から人々を守り、人々の豊かな可能性を実現できるよう、人間中心の視点に立った取り組みを実践する考え方」であるとしており、2003 年の人間の安全保障委員会報告書の定義が基盤にあることは明らかである[190]。

　日本政府は 2003 年、「政府開発援助大綱」を改定した際に「人間の安全保障の視点」を基本方針と位置付け、「人づくりを通じた地域社会の能力強化に向けた政府開発援助を実施する。また、紛争時より復興・開発にいたるあらゆる段階において、尊厳ある人生を可能ならしめるよう、個人の保護と能力強化のための協力を行う」としていた[191]。さらに、2015 年に閣議決定された「開発協力大綱」においては、やはり基本方針のひとつとして「人間の安全保障の推進」を位置づけ、「個人の保護と能力強化により，恐怖と欠乏からの自由，そして，一人ひとりが幸福と尊厳を持って生存する権利を追求する人間の安全保障の考え方は，我が国の開発協力の根本にある指導理念である。この観点から，我が国の開発協力においては，人間一人ひとり，特に脆弱な立場に置かれやすい子ども，女性，障害者，高齢者，難民・国内避難民，少数民族・先住民族等に焦点を当て，その保護と能力強化を通じて，人間の安全保障の実現に向けた協力を行うとともに，相手国においてもこうした我が国の理念が理解され，浸透するように努め，国際社会における主流化を一層促進する。また，同じく人間中心のアプローチの観点から，女性の権利を含む基本的人権の促進に積極的に貢献する。」としている[192]。

　各国は「人間の安全保障フレンズ会合」や「人間の安全保

ネットワーク」といった枠組みを構築しながら、外交政策として
の「人間の安全保障」に関する議論を行っていった。日本政府は
「恐怖からの自由」や武力行使に限定されない広義の「人間の安
全保障」を推進する立場から、メキシコを共同議長として「人間
の安全保障フレンズ会合」を立ち上げ、2006 年以降、会合を開
催しつつ「人間の安全保障」の主流化に取り組んでいった[193]。

2　国連総会決議

　国連の場において、日本政府等が中心になって推進してきた
「人間の安全保障」の主流化は一定の成果をあげている。2005 年
に採択された世界サミット成果文書の中にも「人間の安全保障」
に関する言及が挿入された[194]。そして、国連の場における「人
間の安全保障」の主流化の運動にとって最も重要な成果といえる
のが、2012 年に国連総会で採択された「人間の安全保障に関す
る決議」である[195]。

　国際組織法の体系において、国連総会決議の中には、国際法を
定立することを目的として、諸原則を一般的に宣言する決議とし
て採択されたものがあるとされる[196]。「世界人権宣言」や「植民
地独立付与宣言」等が例としてあげられるが、2012 年の「人間
の安全保障に関する決議」については、そのような国際法を定立
することを目的とした決議であると評価することはできない。

　他方、総会決議自体には条約のような法的拘束力はないが、
「統治」と「自治」を組み合わせた概念としてのガバナンスを提
唱するグローバル・ガバナンス論においては、総会決議に関する
積極的な位置づけがなされている。すなわち、グローバル・ガバ
ナンスの諸要素の中に「ソフト・ロー」を位置づけ、総会決議を

その一例としてとらえる分析である[197]。

「人間の安全保障に関する決議」は国連総会において、コンセンサス方式で採択されている。総会決議が投票に付された場合は反対や棄権も明示されるわけであるが、コンセンサス方式では、明確な反対は示されなかったということになる。共同提案国は日本を含めて25カ国を数えている。共同提案国はオーストラリア、ベナン、チリ、コスタリカ、フィジー、ホンジュラス、日本、ケニア、ヨルダン、リベリア、マダガスカル、メキシコ、ミクロネシア、モンゴル、ナウル、パラオ、パナマ、パプアニューギニア、フィリピン、韓国、サモア、セネガル、タイ、チュニジア、ウガンダである[198]。

決議は「人間の安全保障に関する2005年世界サミット成果文書パラグラ143のフォローアップ決議」と位置づけられている。すなわち同文書パラグラフ143においては、「我々は、総会において人間の安全保障の概念について討議し、定義付けを行うことにコミットする」とされていたからである[199]。

決議はその前文において、国連総会の共通理解として「開発、人権、平和・安全は国連の三本柱であり、相互に連関し補強する」ものであると述べる。

決議は主文1において「人間の安全保障」に関する国連事務総長報告書、主文2において国連総会議長が開催した「人間の安全保障」に関する公式討論に関する評価、留意を述べる。「人間の安全保障」の概念に関する国連総会としての共通理解を明示している主文3は重要である。そこにおいては、「「人間の安全保障」とは、加盟国が人々の生存（survival）、生計（livelihood）、尊厳（dignity）について、広範かつ分野横断的課題を特定し対処する

ことを補助するアプローチである」とし、「人間の安全保障」の概念に関する共通理解に含まれる内容をあげている。

すなわち、主文3（a）は「人々が自由と尊厳のうちに生存し、貧困と絶望から解放されて生きる権利」、「すべての人々、とくに脆弱な人々が、すべての権利を享受し、人間としての可能性を開花させる（fully develop their human potential）機会を平等に有し、恐怖からの自由と欠乏からの自由を享受する権利を有すること」を「人間の安全保障」の含意として指摘する。

（b）においては「人間の安全保障は、すべての人々およびコミュニティの保護と能力強化に資する」ものであり、「人間中心の、包括的で、文脈に応じた（context-specific）、予防的な対応を求める」ものであることを指摘する。

（c）においては「平和、開発、人権の相互連関性を認識し、市民的、政治的、経済的、社会的および文化的権利を等しく考慮に入れるものである」とする。

（d）においては「「人間の安全保障」の概念は「保護する責任」およびその実施とは異なる」ことを明示している。

（e）においては、「武力による威嚇、武力行使または強制措置を求めるものではない」こと、「国家の安全保障を代替するものではない」ことを確認している。

（f）においては、「国家のオーナーシップに基づくものである」とし、「「人間の安全保障」に関する政治的、経済的、社会的および文化的状況は、国家間、国内、時代によって大きく異なる」ものであるから、「地域の実情に即した国家による対応を強化するものである」とする。

（g）においては、「政府は市民の生存、生計および尊厳を確保

する第一義的役割および責任を有する」とし、「国際社会は政府の求めに応じ、現在および将来の危機に対処する政府の能力強化に必要な支援を提供し補完する役割を担う」とする。すなわち「政府、国際組織、地域的組織、市民社会のさらなる協調とパートナーシップを求めるものである」とする。

(h) においては、「国家主権の尊重、領土保全および本質上国家の国内管轄権内にある事項への不干渉といった国連憲章の目的と理念を尊重して実践されなければならない」とし、「国家に追加的な法的義務を課すものではない」とする[200]。

続いて決議は主文4において、「開発、平和・安全、人権は国連の柱であり、相互に連関し補強し合うものである」が、「開発を達成することはそれ自体が中心的な目標であり、「人間の安全保障」の促進は、持続可能な開発とミレニアム開発目標を含む国際的な開発目標の実現に貢献すべきであることを認める」として総合的なアプローチをとりつつも、開発の重要性について確認している[201]。

主文5においては「人間の安全保障基金によるこれまでの貢献を認識し、加盟国に対し、同基金への自発的な拠出の検討を行うよう求める」とし[202]、主文6においては「人間の安全保障基金により支援を受けるプロジェクトは、受益国の同意を得るとともに、国家のオーナーシップを確保するため、国家戦略と国家の優先事項に沿ったものであるべきことを確認する」という基金の活動内容に関する言及がなされている[203]。

さらに決議は主文7において「この決議の規定に従い、「人間の安全保障」に関する国連総会での議論を継続することを決定」し、主文8においては「事務総長に対し、本決議の履行に関する

報告書を第68会期国連総会に提出すること」および、「本決議の履行や、国際的、地域的、国内的な「人間の安全保障」の実践から得られた教訓について、加盟国の見解を求めることを要請する」として検討の継続を確認している[204]。

　本決議において示されていることは、端的に言えば「人間の安全保障」とは「人々が自由と尊厳のうちに生存し、貧困と絶望から解放されて生きる権利」であるということである。そして主文3の（d）は重要であるが、いわゆる「保護する責任」とは異なる概念であるとし、（e）において、武力による威嚇、武力行使、強制措置を求めるものでなはいこと、国家の安全保障を代替するものではないことが確認され、（h）においては主権尊重、内政不干渉を強調している。

　本決議が日本政府を中心として、国連の場において主流化の試みがなされてきた「人間の安全保障」の概念と整合的なものとなっていることは明らかである。

3　国連事務総長報告書

　国連総会による「人間の安全保障に関する決議」以降に提出された国連事務総長報告書として、2013年12月の報告書は「人間の安全保障」の主流化の経緯として、国連総会を中心としてこの概念に関する国家間の議論がなされる一方、国連人道問題調整部（UNOCHA）に人間の安全保障部局（Human Security Unit）が設置され、人間の安全保障基金を用いた実際的なプロジェクトが展開されてきている点を強調している[205]。「人間の安全保障」の主流化が、今日、定義から実践へシフトすべき点を考慮したものであると考えることができる。

すなわち、国連事務総長報告書においては、1999年から開始された人間の安全保障基金の重要な役割について指摘がなされている。人間の安全保障基金を用いたプロジェクトに関する評価も始められており、「人間の安全保障」の観点から実施されるプロジェクトは国際社会が直面している様々な課題の相互連関性に目を向けていること、事後の対応よりも事前の予防に焦点をあてていること、包括的対応を志向するものであること等を重要な点として指摘している。国連による援助政策について「人間の安全保障」のアプローチが具体的に採用されてきている事例としては、太平洋地域、コンゴ、パレスチナ、アフガニスタン、リビア等々の事例をあげている[206]。この事務総長報告書を受けて、2014年6月には国連総会において「人間の安全保障とポスト2015開発アジェンダ」と題するテーマ討論が行われている[207]。

II　国際組織の基本文書及び実践と「人間の安全保障」

1　国際刑事裁判所（ICC）

「人間の安全保障」の主流化については、多様な形式による実現が可能であろう。たとえば1998年にローマにおいて採択された国際刑事裁判所規程は、「人間の安全保障」の考え方を反映したものであると評価される。もちろん、国際刑事裁判所規程の中に、「人間の安全保障」という用語は用いられてはいない。しかしながら、個人の国際犯罪を国際的な刑事法廷において訴追し、不処罰問題への対処をはかる国際刑事裁判所は、「人間の安全保障」の実現という点においてはその理念を体現している国際組織

のひとつであると言って良いであろう。個人の国際犯罪を国際法により、国際的な刑事裁判所によって裁くという試みは、「人間の安全保障」の考え方を実現する点においても重要である。過去に人権侵害等の問題を指摘されてきた国家も、しばしば国内の敵対勢力に対する政治的考慮が影響し、積極的に国際刑事裁判所規程の締約国となっている点は特筆すべきであろう[208]。他方、近年、アフリカ諸国の中に国際刑事裁判所からの脱退を表明する国家が現れてきている点には着目すべきであろう。

　2002 年に国際刑事裁判所規程は発効したが、現在、120 カ国以上がその締約国となっている。国際刑事裁判所規程第 5 条はその管轄犯罪として、集団殺害犯罪、人道に対する犯罪、戦争犯罪、侵略犯罪を規定している。このうち侵略犯罪については、2010 年のカンパラにおける締約国会議において、その定義、管轄権等に関する修正が採択されたが、結果的に侵略犯罪に関しては国家の合意の重視、安保理の重視につながったとされており、「人間の安全保障」の視点からは後退であるとも評価されている。

　管轄権を行使する前提条件として第 12 条に規定があり、領域内において問題になる行為が発生した国が締約国である場合、または犯罪の被疑者の国籍国が締約国である場合があげられている。第 13 条には管轄権行使の 3 つの場合が規定されており、締約国が検察官に付託した場合、安保理が検察官に付託した場合、および検察官が捜査に着手した場合である。第 15 条に規定されている検察官が自己の発意によって捜査に着手できる制度については、これが締約国に対して遵守を促す要因となっているとの評価もある。

　第 17 条は受理許容性に関する条文であるが、ここでは補完性

の原則が規定されている。すなわち、当該事件が管轄権を有する国によって捜査、訴追されている場合には国際刑事裁判所は事件を受理しない。ただし、当該国に、その捜査または訴追を行う意思、能力がない場合にはこの限りではないとされる。

「人間の安全保障」の観点から重要な規定はとくに第 27 条であり、ここにおいては国家元首等も訴追から免除されない旨規定されている。国家がしばしば個人の安全にとっての脅威となっていることに鑑み、不処罰問題への対処をはかっているものである。

国際刑事裁判所規程締約国に対しては、第 86 条において裁判所に対する協力義務が規定されている。すなわち「締約国は、～裁判所に対し十分に協力する」として、逮捕、引渡し、証拠の提出等についての協力義務が規定されているのである。この点については、スーダンのバシル大統領に対して逮捕状が発出されたケースにおいて、マラウイやチャドなど隣国の協力義務違反が指摘されている[209]。このケースはスーダン、ダルフール地方における虐殺等の行為をバシル大統領が命令したとされるものであり、国際刑事裁判所規程第 13 条 b が安保理に対し、事態を検察官に付託することを認めていたことから、安保理決議に基づいて付託が行われたケースである。2009 年、人道に対する罪および戦争犯罪について、翌年、集団殺害犯罪についても逮捕状が発出されている。スーダンは国際刑事裁判所規程の締約国ではないが、このようなプロセスを通じて、「人間の安全保障」の考え方を実現する試みがなされていると評価することもできる。ただし、領域国及び関係国の協力を得ることができなければ、通常、逮捕が実現することはないという問題点は残る。

2 アフリカ連合（AU）

アフリカ連合（AU）設立規約は2000年に採択され、2001年に発効したものでありAUの設立基本条約である。AU設立規約に「人間の安全保障」という用語が使用されているわけではないが、その概念に関連すると考えることができる規定が含まれている。原則について規定した第4条において、その（g）は「加盟国による他の加盟国の国内問題への不干渉」をうたっているが、同時に（h）は「重大な状況、すなわち、戦争犯罪、集団殺害及び人道に対する犯罪に関する会議の決定に従って、連合が加盟国に介入する権利」を認めている。ここに「国家の安全保障」から「人間の安全保障」へのシフトをみることができよう。

AUが採択した諸条約の中には「人間の安全保障」の考え方をさらに明確に示した条約が存在している。2005年にAUが採択し、2009年に発効した「AU不可侵共同防衛条約」は「人間の安全保障」の用語を使用している条約である。同条約は侵略の定義の中に「人間の安全保障」の用語を使用していることから、「人間の安全保障」を定義する必要が生じ、このため「人間の安全保障」の定義に関する条文を規定しているのである。そこにおいては「人間の安全保障」について「ベーシックニーズの充足による個人の安全保障、個人の生存と尊厳、人権の保護と尊重、グッドガバナンスと個人の十分な発展のための機会と選択の保障にとって必要とされる社会的、経済的、政治的、環境的、文化的状況」を含む概念として大変包括的なとらえ方がなされている[210]。

また、AUが2009年に採択し、2012年に発効した「アフリカにおける国内避難民の保護と援助に関する条約（カンパラ条約）」の第5条は、国内避難民の保護と人道的援助について、第一義的

には領域国の義務であるが、国家がこれを十分に果たす能力がない場合には国際社会の支援を求めるべきであると規定している。さらに第8条は、AUの介入の権利に関する規定があり、重大な事項、すなわち戦争犯罪、集団殺害、および人道に対する罪については、AU設立規約4条（h）に基づいて、AU平和安全保障理事会の決定に従って加盟国に介入する権利を認めている[211]。

3　欧州連合（EU）

欧州連合（EU）については、メアリー・カルドー（Mary Kaldor）らが中心となって作成した2004年の「欧州のための人間の安全保障ドクトリン」[212]といった報告書にも注目が集まり、また、EUがアフリカ等の地域において実践している平和活動において「人間の安全保障」の概念に関する言及がなされるなど、一般的にはこの概念を積極的に使用しているという印象がもたれている。また、「人間の安全保障」には危機管理の要素があるが、危機管理はEUの安全保障における主要な政策概念であると理解されている[213]。

2013年の国連事務総長報告書におけるEUに関する評価の基調は、EUが人間の安全保障に対して高い優先順位を置いているとみなすものである[214]。そこで強調されている「人道援助と開発援助の架橋（包括的アプローチ）」はEUの内外において指摘されている概念である。

他方、EUの基本条約等には「人間の安全保障」という用語は全く規定されていないため、この概念の主流化自体にEUが深くコミットするといったことは、EUの基本政策としては起こりえない。

EU条約第21条には「対外行動における原則と目標」に関する規定がある。そこにおいて第1項は「国際的場における連合の行動は、連合自らの創設、発展及び拡大を支えてきた諸原則に導かれ、より広い世界においてそれらを前進させることを目指すものである」とされ、諸原則として掲げられているものは、「民主主義」、「法の支配」、「人権と基本的自由の普遍性及び不可分性」、「人間の尊厳の尊重」、「平等及び連帯の原則」、「国連憲章及び国際法の諸原則の尊重」である。これらの諸原則は「人間の安全保障」の概念ときわめて密接な関係性を有するものであるが、「人間の安全保障」という用語は使用されていないという点に留意する必要がある。第2項において規定されている「共通の政策及び措置の確定、実施の対象となる諸事項」については、さらに「人間の安全保障」の概念との関係性が明確になる。その中には「民主主義、法の支配、人権及び国際法の諸原則を確固たるものにし、支援すること」、「国連憲章の目的及び諸原則、ヘルシンキ最終議定書の諸原則、並びに対外国境に関する原則も含むパリ憲章の目的に従い、平和を維持し、戦争を防止し、国際安全保障を強化すること」、「貧困の撲滅を主目的として、発展途上国の持続可能な経済的、社会的及び環境的発展を促進すること」、「天災又は人災に遭った住民、国及び地域を支援すること」、「より強力な多角的協力及び健全な世界統治秩序に基づく国際体制を推進すること」といった事項が含まれており、これらを包括的にとらえ、推進していくことこそが「人間の安全保障」の概念に他ならないからである。

　その意味においては、設立基本条約に「人間の安全保障」の用語が存在していないとしても、様々な問題に対処するにあたって、

EU が重要であると認識しているような政策概念、たとえば現在であれば「人道援助と開発援助の架橋（包括的アプローチ）」、「法の支配」、「グローバル公共財」といった概念を説明するうえで「人間の安全保障」が有益であれば、EU の政策担当者もその観点もふまえて論じることになるであろう。すなわち「人間の安全保障」概念自体が EU の政策決定過程に重要な影響を与えていると考えることは難しいが、結果的にその考え方をふまえた対外政策が立案されることは充分考え得るのである。

　とくに、これまでの EU の平和活動における実践が示していることは、欧州連合が「人間の安全保障」のレトリックを頻繁には使用していないとしても、今後の共通安全保障防衛政策が「人間の安全保障」の進展に関して大きな潜在力を有しているということである。

4　経済協力開発機構（OECD）

　経済協力開発機構（OECD）では、とくに開発援助委員会（DAC）において先進諸国間の開発援助政策の調整が行われるわけであるから、日本が力を注いできた「人間の安全保障」の主流化が進展しているのではないかという推測をすることはまったく的外れであるというわけではない。しかしながら、OECD は政策調整を主たる任務とする組織であって、たとえば国連難民高等弁務官事務所（UNHCR）のように実際の現場でのオペレーションを行っている組織ではないため、この点での組織の性格の違いは明確にしておく必要性があろう。

　OECD の設立基本条約である経済協力開発機構条約は 1960 年に採択されたものであるから、もちろん「人間の安全保障」の概

念はその中にみられない。第1条は組織の目的を定めたものであるが、「加盟国において、財政金融上の安定を維持しつつ、できる限り高度の経済成長及び雇用並びに生活水準の向上を達成し、もって世界の経済の発展に貢献すること」、「経済的発展の途上にある加盟国及び非加盟国の経済の健全な拡大に貢献すること」、「国際的義務に従って、世界の貿易の多角的かつ無差別的な拡大に貢献すること」とされている。

　このように設立基本条約に「人間の安全保障」の概念が反映していないことは、OECDの設立年代からみても当然のことであるが、今日においても実務上、DAC等の場で、人間の安全保障の概念について活発な議論がなされているという状況にはない。日本政府のはたらきかけもあり、たとえば2012年のDAC閣僚級会合のコミュニケにおいては、ポスト2015の開発目標との関係で「人間の安全保障」に関する言及がある[215]。また2007年にはDACにおいて開発援助における治安部門改革（SSR）の重要性を分析する試みなどが行われ、報告書等も出ている[216]。しかしながら、「人間の安全保障」の概念自体は、多くの加盟国にとって継続した関心事とはなっていないようである。DACにおいて主導権を握っているのはヨーロッパ諸国であり、それら諸国にとって「人間の安全保障」概念の主流化はマンデートではないということも大きな要因であると考えられる。他方、日本の立場としても、実際には「人間の安全保障」の用語ではなく、その要素が主流化されていけば良いわけである。そのように考えるならば、現在、DACにおいて脆弱国家の支援は重要な課題であるから、たとえばその文脈で「人間の安全保障」の概念に言及しつつ議論を導いていくということが考えられるであろう。あるいは現

在、OECD において鍵となっている概念である「強靱性
（Resilience）」、すなわち世界的な経済危機や大災害によって露呈
する脆弱性に対して、外的ショックを回避、被害を最小化し、迅
速に回復できる社会基盤の構築、危機時の耐性と急回復する力と
しての「強靱性」との関連において「人間の安全保障」の考え方
を主流化するという戦略も考えられるのではないであろうか。

　また、OECD、とくに DAC において、治安部門改革は継続し
た関心事項であり、そのアジェンダには必ずしも「人間の安全保
障」の概念への言及がみられるわけではないが、治安部門改革の
イニシアティヴということ自体が、「人間の安全保障」を実践に
移すひとつの方法であると理解することができる。

5　国連難民高等弁務官事務所（UNHCR）

　国連難民高等弁務官事務所（UNHCR）は 1949 年の国連総会
決議によって設立された国連総会の補助機関である[217]。国連憲
章第 22 条が補助機関設置の根拠規定である。1950 年の国連総会
決議によってその附属書として UNHCR 規程が採択されている
が、これが任務や組織等について定めた基本文書である[218]。

　国際組織の具体的な活動が「人間の安全保障」という概念が登
場したことによって影響を受けてきているか否かという点につい
て検討する際に、UNHCR は難民の保護を任務とする国際組織で
あり、また、緒方貞子・元国連難民高等弁務官が人間の安全保障
の概念の主流化に尽力してきたことをも含めて、この課題の検討
に最も適した組織であると言えるであろう。

　しかしながら、その実務において UNHCR が依拠している主
要概念は「人間の安全保障」ではなく、UNHCR が Protection

Agency であるということ、すなわち「保護を任務とする機関」であるという考え方である。その意味では「人間の安全保障」の概念が登場する以前から、UNHCR は「人間の保護」の文脈から安全保障問題に対して人間中心の観点で見てきたわけであり、その実践を今日、「人間の安全保障」という概念で整理し、表現することも可能であるということであろう。

　UNHCR 規程には、その任務として第6条において、「高等弁務官の権限は次の者にまで及ぶ」とし、いわゆる条約難民をその権限の範囲としている。続いて第8条において「高等弁務官は以下のことによってその事務所の権限の範囲内に入る難民の保護に備える」とし、「国際条約の締結及び批准の促進、適用の監督、修正提案」、「政府との特別協定を通じて、難民の状態を改善し保護の必要な人数を減少させることに適する措置の実施促進」、「最窮乏状態にある難民を排除することなく、難民の各国領域への受け入れ促進」等が規定されている。

　他方で第9条においては、「高等弁務官はその自由裁量に委ねられる財源の範囲内で、帰国及び再定住を含めて、総会の決定するその他の活動にも従事しなければならない」とされているため、総会の決定に基づいて保護の範囲を広げることが可能とされている。UNHCR がその権限のもとにあるとされていた者に、当初、国内避難民は含まれていなかった。「人間の安全保障」の概念との関係では、国内避難民に対する保護の提供は重要な活動分野となるが、その後の総会決議等によって UNHCR の関心の対象となった「難民的状況に置かれた他の部類の者」には国内避難民が含まれていったという点は特筆すべきことであろう。1972年の総会決議はスーダンにおいて国内避難民を含めた援助を

UNHCR が行うことを容認している [219]。UNHCR はその特別な専門性と経験に基づいて、国内避難民に対する支援を広げていった [220]。1992 年に採択された総会決議は UNHCR が国内避難民支援を行うことを歓迎する旨決議している [221]。国連においては「国内避難民に関する指導原則」が採択され、国連諸機関の活動がこの法的拘束力のない文書に事実上依拠して行われていったことで、規範として確立していったことが指摘されている [222]。

　2008 年に国連総会における審議の準備のために国連において実施された「人間の安全保障」に関する調査の質問事項に対する UNHCR の回答においては、UNHCR の活動自体が「人間の安全保障」に関連するものであるとする自負がうかがえる [223]。言い換えるならば、「人間の安全保障」という概念が存在していなかったとしても、UNHCR は Protection Agency として同概念が指摘しているような問題意識をもって実践を積み重ねてきたわけであり、Protection という概念で十分ではあるのだが、「人間の安全保障」の概念がもつ有用性を否定するものではないという立場である。同時にそれは「人道援助と開発援助の架橋（包括的アプローチ）」といった他の概念によっても説明することができるという認識が現場レベルでは強いように思われる。

　UNHCR の実践、とくに国内避難民保護の活動については、「人間の安全保障」を実践に移すひとつの重要な方法であると理解することができ、「保護」のアジェンダが必ずしも「人間の安全保障」の概念に言及していないとしても、その含意が国際組織の活動に影響を与えている例であると考えることができよう。

Ⅲ　グローバル・ガバナンスと「人間の安全保障」

1　グローバル・ガバナンスの理論

　「地球共同体」を構想する際、中央集権的な政府、すなわち世界政府といったものは存在していない点を指摘しなければならない。国際法の視点から分析するならば、集中的権力が存在していれば、「大社会の想定を待つまでもなく、権力機関に帰属する法機能から、当然に立法機能も引き出すことができる」わけであるが、「そのような権力的存在は、現在ないし過去の国際法理論にとって、主権的あるいは自然的自由の立場をとる上での理論上の障害となり、また、現実現象としても肯定できない」わけである[224]。

　すなわち、世界政府のようなものが存在するならば、まったく異なった観点から、秩序形成について構想することができるわけであるが、実際にはそのようなものは存在していないという前提で考えるしかない。同時に、それはまったく無秩序な状態であるかといえばそうではない。対等な主権国家間の関係を基盤としているが、そこに何らかの秩序を形成していくためのガバナンスは存在しているわけある。

　ガバナンスの用語は主として行政学・政治学分野において用いられており、国際法においてこの用語を使用することは必ずしも一般的ではない。しかしながら、「地球共同体」を構想する際に「いかなる個々の意思が共同の意思になるか」を分析していくときに、「共同の意思に基礎づけられる国際法共同体の内容を決定するのは、法の基礎にどのような原理が想定されているか」であ

第5章　国際組織の活動：人間の安全保障　139

るとする指摘は熟考に価するであろう[225]。

　ガバナンスには適切な日本語訳がなく、これを「統治」と訳すと、政府が国民に対して上位の立場から行う法的拘束力のあるシステムを連想してしまい、この用語の含意するところではない。むしろ対等な国家間の関係を基盤として、水平的な関係の中で、国家やその他のアクターが主体的に関与しながら進めていく意思決定、合意形成のシステムとしてガバナンスをとらえることが適切であると思われる。それは「自治」ということでもなく、「統治」と「自治」の統合のうえに成り立つ概念がガバナンスであるということになる[226]。

　さて、グローバル・ガバナンスという用語を国際社会において主流化した契機として、グローバル・ガバナンス委員会の活動がある。これは、ブラント元西ドイツ首相が呼びかけて1992年に設立された26名の委員からなる国際的な有識者会議である。緒方貞子やドロール・EC委員会委員長もメンバーであった。この委員会が1995年に当時のガリ事務総長に対して提出した「グローバル・ガバナンス委員会報告書」が、グローバル・ガバナンスの用語を国際社会に広く知らしめる契機となったとされる。同報告書はガバナンスのわかりやすい例として、たとえば「給水塔を設置したり維持管理したりするための共同管理組合」であるとか、「廃棄物のリサイクルを運営する町の協議会」であるとか、「政府の監督下で自主管理を行う株式市場」等をあげている。そして、グローバル・ガバナンスについてはこれまでは政府間関係のみであるとみなされてきたわけであるが、今日ではNGO、市民運動、多国籍企業、資本市場、メディアといったものも含まれている旨指摘している。同報告書はガバナンスについて「個人と

機関、公と私とが、共通の問題に取り組む多くの方法の集まりである」とし、「それは相反する、あるいは多様な利害関係を調整したり、協力的な行動をとったりする継続的なプロセスのことである」とする。そこには「遵守を強制する権限を与えられた公的な機関や制度に加えて、人々や機関が同意するか、ないしは自らの利益と認識するような非公式の申し合わせも含まれる」としているのである[227]。

2 「人間の安全保障」の付加価値と課題

　安全保障、開発、人権を総合的にとらえる「人間の安全保障」の概念にはグローバル・ガバナンスの枠組みとしての有用性があると考える。この有用性は「人間の安全保障」の付加価値として積極的に位置づけて良いであろう。この点について検討するうえで、カーンズ（Margaret P. Karns）、ミングスト（Karen A. Mingst）、スタイルズ（Kendall W. Stiles）のアプローチは興味深い。本書は 2015 年に第三版が出版され、今日でも広く英語圏の大学等において基本書として使用されている[228]。

　同書はグローバル・ガバナンス論の観点から国際組織を分析したものである。そして、グローバル・ガバナンスのアクターとしては、国家、地方自治体、国際組織、NGO、多国籍企業等をあげている。また、グローバル・ガバナンスの諸要素としては、多数国間条約、慣習、司法判断、ソフト・ロー、国際レジーム、国際会議、民間によるあるいは官民によるガバナンス等といった大変に幅広い要素を指摘している[229]。

　上記研究において、「人間の安全保障」とガバナンスに焦点をあてた検討はなされていないが、関連すると考えることができる

「人権のガバナンス」については以下のように論じている。すなわち、最初に指摘されている点は人権基準の設定であり、国連総会等における宣言や条約の採択、地域的人権機関における条約等の採択について検討がなされている[230]。続いて「人権の監視」である。ここにおいては、経済社会理事会決議 1503 に基づく通報審査手続きや、地域的人権条約機関における監視手続き、NGO による監視の実践等が指摘されている[231]。「人権の伸長」という点については、国連における「発展の権利」に関する取り組みや、地域的人権条約機関、NGO による取り組みについて指摘がなされている[232]。「人権の強制」については、国内裁判所における司法手続き、安保理による国連憲章 7 章のもとの手続き、国際刑事裁判所、地域的人権裁判所等について言及がなされている[233]。

さて、「人権のガバナンス」あるいは「人権の主流化」を担っている中心的な国際組織として、1993 年、国連総会決議によって創設された国連人権高等弁務官事務所（OHCHR）がある[234]。OHCHR は国連の人権活動に対して主要な責任を有するとされ、ジュネーブに設置された事務所は「人権条約部」、「人権理事会・特別手続き部」、「研究・発展の権利部」、「フィールド活動・技術協力部」を有している。実際に OHCHR は国連システムの中で国連人権理事会とともに人権の国際的保障に関する主要な役割を担っている。高等弁務官事務所という立場で国際的な唱導活動を行っているという点において UNHCR に似た役割も有している。OHCHR は情報の収集や促進・調整活動を担う。現業的役割としては、各国において技術的支援を行うことが多くなってきている。すなわち、裁判官、刑務所職員への訓練、選挙支援、法整備

支援等である[235]。OHCHR は多くのフィールド・オフィスを有しており、国内的な制度強化の他にも、国際人権基準の促進に関する役割を有している。歴代の高等弁務官たちはこの点において成果をあげてきている。

　他方、現段階において、OHCHR における「人間の安全保障」の主流化について検討するならば、その関心は低いと言わざるを得ない。国連事務総長報告書によれば、「人間の安全保障」に関する OHCHR の見解は質問表に対する回答のかたちで示されたとされている[236]。しかしながら、このことが OHCHR の各部局に周知されているかという点について言うならば、必ずしも組織としてそのようには動いていないようである。たとえば「人権条約部」について、その任務の基本にあるのは、あくまでも個別の人権条約であり、その条約規定に基づいて業務を遂行する以上、条約規定として存在していない「人間の安全保障」の概念がその活動において主流化されるということは起こり得ないという見解になる。

　すなわち、OHCHR の主要な役割は「人権の主流化」ということであり、その任務は「人間の安全保障の主流化」ではない。実務レベルにおいてはこの理解は一般的であり、諸条約に関する条約事務局として、個別の人権諸条約の規定に存在しない文言については管轄外とする傾向が強い。国連事務総長報告書に関する「人間の安全保障」の質問表に対して、特定の部局が回答をしたとしても、それは必ずしも OHCHR の中で共有されているわけではないのである。このような現状を克服していくためには、「人間の安全保障」と「人権」、「人間開発」の関係性についてさらなる明確化が必要とされよう[237]。この点は「人間の安全保障

の主流化」の課題ということになるであろう。

おわりに

　以上、検討してきたように「人間の安全保障」の概念が国際組織の活動に対して与えている影響は様々に指摘することができるが、その主流化については、「人間の安全保障」の用語よりもその含意に着目することが重要である。たとえばUNHCRでは「保護」「人道援助と開発援助の架橋（包括的アプローチ）」、EUであれば「法の支配」「グローバル公共財」、OECDであれば「脆弱国家」「強靭性」といった現在、鍵となっている概念との協働という文脈で「人間の安全保障」を主流化するというアプローチである。

　国連においては「人間の安全保障」の推進について、必ずしも諸国家間に一致がないことが指摘されている。その理由は種々あるが、「人間の安全保障」を介入主義ととらえる国家、西側先進国の自由主義的価値の強制であるととらえる国家も少なからず存在している[238]。

　「人間の安全保障」の付加価値は様々な異なった利害関係者の積極的な参加を促す潜在能力にあると言うことができる。市民、NGO、各国議会議員等による「人間の安全保障」に関するネットワークが生まれていることは、世論や政策決定者に影響を与えるであろう[239]。

　また、「人間の安全保障」の付加価値として様々な実践的概念を調整する潜在能力を指摘することもできるであろう。国連等の国際組織は法的議論を行ううえで中心的な場であり、議論は様々

な価値に基づいて行われるわけであるが、価値については解釈されることが必要である[240]。この点においては、より良いグローバル・ガバナンスのための機関間調整の概念として「人間の安全保障」をとらえるということもできるのではないであろうか。

〈注〉

181　高野雄一『国際組織法〔新版〕』（有斐閣、1975 年）13 頁。

182　佐藤哲夫『国際組織法』（有斐閣、2005 年）12 頁。

183　Simon Chesterman, Ian Johnstone, David Malone, *op. cit.*, pp.142-162.

184　UNDP, *Human Development Report 1994: New Dimensions of Human Security*, Oxford University Press, 1994.

185　Wolfgang Benedek, "Human Security and Human Rights Interaction," in Moufida Goucha and John Crowley (eds.), *Rethinking Human Security*, Wiley-Blackwell, 2008, pp.7-17.

186　Gerd Oberleitner, "Human Security: Idea, Policy and Law," in Mary Martin and Taylor Owen (eds.), *Routledge Handbook of Human Security*, Routledge, 2013, p.327.

187　Case No. IT-94-1-AR72, paras. 96-97.

188　Commission on Human Security, *Human Security Now: Protecting and Empowering People*, Commission on Human Security, 2003.

189　*Ibid.*, p.4.

190　外務省国際協力局地球規模課題総括課『人間の安全保障：人々の豊かな可能性を実現するために』（外務省、2011 年）1 頁。

191　政府開発援助大綱、平成 15 年 8 月 19 日　閣議決定。

192　開発協力大綱、平成 27 年 2 月 10 日　閣議決定。

193　Yukio Takasu, "Japan and Networked Human Security," in

第 5 章　国際組織の活動：人間の安全保障　145

Mary Martin and Taylor Owen (eds.), cit., p.244-245.

194　U.N. Document, A/RES/60/1, 24 October 2005, para.143. 国連総会決議の日本語訳については外務省仮訳を参照した。

195　U.N. Document, A/RES/66/290, 25 October 2012.

196　佐藤『前掲書』、215 頁。

197　Margaret P, Karns Karen A, Mingst and Kendall W, Stiles, *International Organizations: The Politics and Processes of Global Governance, 3nd Edition*, Lynne Rienner Publishers, 2015, pp.30-31.

198　U.N. Document, A/RES/66/290, op. cit., 13.

199　U.N. Document, A/RES/60/1, op. cit., para.143.

200　U.N. Document, A/RES/66/290, op. cit., para.3.

201　*Ibid.*, para.4.

202　*Ibid.*, para.5.

203　*Ibid.*, para.6.

204　*Ibid.*, para.7.

205　U.N. Document A/68/685, 23 December 2013, paras.18-19.

206　*Ibid.*, paras. 20-25.

207　Themaic Debate of the General Assmbly, "Responding to the opportunities and challenges of the 21st century: Human security and the post-2015 development agenda", United Nations Headquarters, New York, 18 June 2014.

208　Ian Hurd, *International Organizations, Politics, Law, Practice, 3nd Edition*, Cambridge University Press, 2018, pp.223-226.

209　水島朋則「外国の元首の逮捕と引渡しに関する国際刑事裁判所への協力義務違反—バシル事件」『国際人権』第 24 号（2013 年）137 -138 頁。

210　African Union Non-Aggression and Common Defence Pact, January 31, 2005, Article 1.

211　African Union Convention for the Protection and Assistance of Internally Displaced Persons in Africa, 22 October, 2009.

212　Study Group on Europe's Security Capabilities, *A Human Security Doctrine for Europe: The Barcelona report of the Study Group on Europe's Security Capabilities. Presented to EU High Representative for Common Foreign and Security Policy, Javier Solana, on 15 September 2004 in Barcelona*, London School of Economics, 2004.

213　Mary Martin and Mary Kaldor（eds.）, *The European Union and human security, External interventions and missions* Routledge, 2010, p.4.

214　U.N. Document, A/RES/66/290, op. cit., para.31.

215　OECD, DAC HLM Communique（2012）, para.9.

216　OECD, *The OECD DAC Handbook on Security System Reform, Supporting Security and Justice*（OECD, 2007）.

217　U.N. Document A/RES/319（IV）, 3 December 1949.

218　U.N. Document, A/RES/428（V）, 14 December 1950.

219　U.N. Document, A/RES/2958（XXVII）, 12 December 1972.

220　Catherine Phuong, *The international protection of internally displaced persons*, Cambridge University Press, 2004, p.79.

221　U.N. Document, A/RES/47/105, 16 December 1992.

222　Ian Johnstone, *The Power of deliberation, International law, politics and organizations* op. cit., pp.171-177.

223　U.N. Document A/62/695, 15 February 2008.

224　筒井若水「国際機構論の再構成に関する試論」『国家学会雑誌』第 86 巻、5・6 号（1973 年）、33-34 頁。

225　同上、33 頁。

226　緒方貞子「日本語版への序文」京都フォーラム監訳『地球リーダーシップ / 新しい世界秩序をめざして』（NHK 出版、1995 年）4

－5頁。

227 Commission on Global Governance, *Our Global Neighborhood: The Report of the Commission on Global Governance*, Oxford University Press, 1995 p.1.

228 Margaret P. Karns, Karen A. Mingst and Kendall W. Stiles, *op. cit.*

229 *Ibid.*, pp.8-35.

230 *Ibid.*, pp.486-491.

231 *Ibid.*, pp.491-497.

232 *Ibid.*, pp.497-499.

233 *Ibid.*, pp.499-510.

234 U.N. Document A/RES/48/141, 20 December 1993.

235 Julie A. Mertus, *The United Nations and Human Rights: A guide for a new era,* Routledge, 2005, pp.15-20.

236 U.N. Document A/68/685, January 2014.

237 Wolfgang Benedek, (ed.) *Mainstreaming human security in peace operations and crisis management*, Routledge, 2011, p.254.

238 Edward Newman, "The United Nations and Human Security: Between Solidarism and Pluralism," in Martin, Mary and Owen, Taylor, op. cit., p.234-236.

239 Sadako Ogata and Joan Cels, "Human Security – Protecting and Empowering the People," in *Global Governance*, Vol.9, No.3 (2003) p.280.

240 Ian Johnstone, "The power of interpretive communities," in Barnett, Michael and Duvall, Raymond (eds.), *Power in global governance*, Cambridge University Press, 2005, pp.201-204.

第6章　実施確保機関：地球環境の保全

はじめに

　国際組織は 19 世紀以降の国際社会における現実の必要性に基づいて設立されてきたとされ、その歴史的経緯を国際組織の基本構造（総会、理事会、事務局）から把握する見解がある。すなわち、理事会についてはヨーロッパ協調、総会についてはハーグ・システム、事務局については国際行政連合をその起源とする考え方である。平等な主権国家間の関係を基軸とする国際社会の成立は、主権国家間の抗争をどのように制御するかという課題を生んだ。カントは『永遠平和のために』において、「フーゴー・グロティウス、プーフェンドルフ、ヴァッテルなどの法典は、哲学または外交方策のために書かれたもので、法的な効力は少しももっていないし、また事実もつことすらできない」、「平和連合とでも名づけることができる特殊な連合が存在しなければならない」[241]と論じたが、その実現はウイルソン米大統領の構想「特別な規約による一般的諸国連合」を待つ必要があった。しかしながら、様々な欠陥を内包したまま組織された国際連盟は第二次大戦の勃発を防ぐことができなかった。そして、70 余年前に国際連合が設立されたのである。

　国連については今日、様々な見方がある。すなわち、「フォーラムとしての国連」、「国家の意思を遂行する機関」、「国家の意思

からは独立した自律的なアクター」、「超国家的機関」といった
様々な見解である。そこには、国連は国家と同じ法的権能を有す
るのか、同じではない場合、国連はどのような権能を有するの
か、それは国連憲章により明示的に付与された権能のみか、黙示
の権能も認められるのか、国連は客観的法人格を有するのか、と
いった問でもある。

1949 年の「損害賠償事件」[242] において国際司法裁判所は、国連
調停官（スウェーデン国籍）がエルサレムにおいて何者かによっ
て殺害された事件について、1948 年の国連総会決議により、勧
告的意見を要請された。そこにおいては、国連はイスラエルに対
して損害賠償請求をすることができるか（「国連が被った損害」
について、また、「被害者および遺族が被った損害」について）、
できるとした場合、被害者の国籍国が有する権利との関係はどの
ように調整することができるか、という問題に対する回答が求め
られた。国際司法裁判所は勧告的意見において、「国連が国際人
格（international personality）を有しているか否か」については国
連憲章に明示されてはいないが、国連がその目的を達成するため
には国際人格を付与されることは不可欠であり、国連は国際人格
を有しているとし、国連の国際人格、権利・義務は国家と同じも
のではないし、国連は超国家的な存在ではないが、国連は国際法
の主体であり、国際的な権利・義務を有する能力があり、国際請
求を行うことによってその権利を維持する能力を有していると結
論した。そして、「黙示的権能の法理（Doctrine of Implied
Powers）」を展開し、国連は国家に対して損害賠償請求を行うこ
とができるかという点については、設立基本条約（国連憲章）に
特定ないしは含意（implied）され、慣行によって発展した「目

的と機能」によって判断される。国連憲章は明示的には国連に対して損害賠償請求をする能力を付与してはいないため裁判所は国連の機能等に関する憲章規定がそのようなことを含意しているかについて検討するが、国連はその任務の効果的・自主的遂行を確保し、国連職員を効果的にサポートするためには、国連職員に対して適当な保護（adequate protection）を提供する必要があるとした。すなわち、国連の任務の特徴、国連職員の使命の性質に関する考慮から、国連が国連職員に対して機能的保護（functional protection）を行う能力があることが、国連憲章により「必然的に推断（by necessary implication）される」と結論したのである。これに対しては国際司法裁判所のハックワース判事が付した反対意見が有名である。同判事は「国連が国連職員に対して機能的保護（functional protection）を行う能力があることが、国連憲章により必然的に推断（by necessary implication）される」とする考え方に対して反対し、「明示されていない権限」に関して、自由に「含意されている」とすることはできず、明示された権限の行使に必要とされる場合に限定されるべきであるが、本件についてはその権限を行使する必要性が示されていないと述べている。

1962年の「国連経費事件」[243]における国際司法裁判所勧告的意見では、「国際の平和と安全の維持」に関する問題において、安保理の権限は排他的であるかという点が問題となった。国連憲章24条1項は「国際連合の迅速且つ有効な行動を確保するために、国際連合加盟国は、国際の平和及び安全の維持に関する主要な責任を安全保障理事会に負わせるものとし、且つ、安全保障理事会がこの責任に基づく義務を果たすに当って加盟国に代わって行動

することに同意する。」と規定しているが、国連総会は、加盟国に対して総会の勧告実施の結果生じた経費（PKOの経費）を支払う義務を負わせることができるか、という点が争点となったわけである。総会の権限について、国連憲章10条、14条は総会の一般的権限について規定しており、14条は「第12条の規定を留保して、総会は、起因にかかわりなく、一般的福祉又は諸国間の友好関係を害する虞れがあると認めるいかなる事態についても、これを平和的に調整するための措置を勧告することができる。この事態には、国際連合の目的及び原則を定めるこの憲章の規定の違反から生ずる事態が含まれる」と規定しているところ、国際司法裁判所は「措置（measures）」は何らかの「行動（action）」を含意していると結論づけた。そして、強制行動を命じることができるのは安保理だけであるが、国連憲章が付与している総会の権限は審議や討議や検討、研究、勧告といったことに限定されているわけではなく、憲章11条2項の「行動」は国連憲章7章のもとの強制行動を指すが、PKOは強制行動ではないとし、また。憲章17条2項の「経費」にあたるかについては国連の目的に照らして判断すべきであると述べた。

　このような「問題の所在」をふまえて本章においては、環境問題を取り扱う国際組織について検討する。環境分野では多数国間条約に基づくそれぞれの実施確保機関が重要な役割を担っている状況がある。このことについて、バーニー（Patricia Birnie）、ボイル（Alan Boyle）、レッジウェル（Catherine Redgwell）が著した国際環境法の体系書は、実効性の確保のためには「集権的な国際環境機関」は必ずしも必要ではないとしている[244]。ここで興味深いことはバーニー、ボイル、レッジウェルの場合には実施

確保機関を「自立的規則団体」と位置付けている点である。

環境条約の実施確保機関と比較検討するうえで興味深い存在はGATTである。すなわち、1995年に世界貿易機関（WTO）が設立されるまでのいわゆるガット体制（以下、条約を指す場合は「ガット」、条約を運営する国際団体を「GATT」と表記する[244]）は、国際組織としての国際貿易機関（ITO）設立の挫折を受けて、ガットが暫定適用されていく中で、事務局や紛争解決機関などが条約の根拠をもたないまま事実上構築され、独特の法構造を発展させてきたものである。これについては1990年にジャクソン（John H. Jackson）がWTO構想の契機となった著書の中で、GATTが国際組織になることを企図されていなかったにも拘わらず、「国際組織」の定義に当てはまるものへと発展していった経緯を指摘している[245]。そのうえでジャクソンはまさに「世界貿易機関（WTO）」の名称を用いて新組織を設立するための条約作成の構想を提案したのである[246]。GATTは1995年以降、国際組織としてのWTO設立にともない、WTO体制に移行した。WTO体制への加盟国の「包括的な合意」への変化が「GATT体制の法的・組織的脆弱性を克服することに成功する一方で、GATT／WTO体制を複数の問題領域を包摂する「複合レジーム」へと変質させた」との指摘もある[247]。

これに対し、70年代以降、多数の環境条約が締結され、共通した形式の実施確保機関を設置してきているが、これらを統合した世界環境機関（WEO）といった国際組織を設立する構想は現実的なものではなく、WTOが非貿易的関心事項をとりこむ等、その機能を拡大すべきである旨の主張もなされてきた[248]。さらに環境条約の実施確保機関についてはこれを国際組織の定義に含

めて、国際組織法上の基本原則を適用することができると考えるべきなのか、あるいはこれらの実施確保機関は国際組織の定義には含めず、かつての国際行政連合等が新たに発展した形態であるととらえるべきなのかという問題についてはいまだに議論があるところである。根本的な問題としてはそもそも国際組織について国際法上確立した定義が存在していないという点を指摘しなければならない。たとえば後述するように代表的な学説とされるサンズ（Philippe Sands）とクライン（Pierre Klein）による国際組織の定義[249]と、スヘルメルス（Henry G. Schermers）とブロッカー（Niels M. Blokker）による国際組織の定義[250]を例にとってみても、それぞれ異なっているのである。

　本章においては、環境条約が設置している実施確保機関による制度の法構造を、WTO設立までのGATTの法構造と比較検討することによって明らかにしてみたいと考えている。そこにおいてはあらかじめ国際組織の定義を設定し、その定義に合致しているか否かという点について検討することもひとつの手法であろう。しかしながら、その場合には、「国際組織の定義の設定の仕方によって異なってくる」との結論に到ることが予想され、実質的な検討の意味をもたないであろう。そこでむしろ本章においては、環境条約における実施確保機関制度が国際社会において実務上、どのように取り扱われてきているのかという点を中心に分析しながら、その法的性質を明らかにしていきたいと考えている。

I 比較の対象としての GATT の法構造

1 先行研究

　現在の環境条約における実施確保機関の制度について検討する際に、歴史的存在としての GATT の法構造との比較研究は有益である。GATT は国際社会のそれ以外の分野における制度・システムとは異なった特徴を有していたものであったとされる。たとえば。チャーチル（Robin R. Churchill）とウルフシュタイン（Geir Ulfstein）は環境条約における実施確保機関の研究において、環境条約以外の分野で、そのような実施確保機関に相当するものをあげるならば、唯一の例として、1994 年までの GATT をあげることができるとしている。そのうえで、GATT の場合には、計画されていた国際貿易機関が成立せず、世界貿易機関の設立を待たねばならなかったという歴史的な偶然性の産物である点を指摘しなければならないと論じている[251]。そこでは「GATT の法構造と環境条約の実施確保機関の制度の類似性の指摘」は、「人権条約、軍縮条約が設置する機関と環境条約の実施確保機関との相違点の強調」との対比において解説されている。すなわち 2000 年に発表された同研究によれば、第一に、人権条約機関、軍縮条約機関の場合には会合がアドホックであり、またそれが自立的ではなく国連機関によって召集されること、第二に人権条約、軍縮条約の締約国会議の多くは恒常的な事務局を有していないこと、第三に人権条約、軍縮条約の締約国会議は条約の実施の監督について主要な役割を担っていないことを指摘している。すなわち、軍縮、人権等他の分野において発展している制度的枠組

みと比較した場合に、環境条約の実施確保機関制度とGATTは特別なものであると結論づけているのである。この場合、チャーチルとウルフシュタインは国際組織の定義としてスヘルメルスとブロッカーによる定義、すなわち「国際的合意に基づく協力の形態で、独自の意思を有する機関を少なくともひとつ創設しており、国際法のもとで設立されているもの」[252] を用いている。そしてチャーチルとウルフシュタインは環境条約の実施確保機関がシュヘルメルスとブロッカーの国際組織の定義に該当するとしたうえで、これに匹敵する唯一の制度としてGATTを指摘しているのである。

　これに対してサンズとクラインはその体系書の第4章に「その他の自立的組織」(other autonomous organizations) という章を設けている。そこに環境条約の実施確保機関やGATT等が位置づけられており、「対象としている様々な問題ごとに制度の特徴や機能は異なる。人権条約機関は司法審査に、軍縮条約機関は履行状況の査察に、環境条約機関は基準設定に特徴を有している」と指摘している[253]。サンズとクラインの場合にはその第一章に国際組織の定義に関する記述を加えており、国際組織の定義に関する四つの要素として「国家または他の国際組織をメンバーとすること」「条約によって設立されること」「メンバーの意思とは区別される自立的な意思を有し、法人格を付与されていること」「メンバーに対して規範を採択する能力を有していること」をあげている[254]。そのうえで「自立的組織」がこの国際組織の定義に該当するとしているのである。

　このため、同書は第2章で国連について、第3章で専門機関について詳述した後に、第4章を「その他の自立的組織」とし、貿

第6章 実施確保機関：地球環境の保全　157

易、軍縮、人権、テロ対策、環境等の諸分野における「自立的組織」の発展について詳述しているわけである。以上のようにサンズとクラインは環境条約の実施確保機関制度と GATT をいずれも「その他の自立的組織」に位置付けている。

2 GATT の特徴

　以下、GATT の法構造の特徴について概観しておきたい。以上のような先行研究が存在することを前提としたうえで、前述の通り、そもそもガットは国際組織としての ITO の設立を前提として構想されたものであった。すなわちガットは採択されるはずであった ITO 憲章の規定に基づいたものであり、これに従属することが予定されていた。交渉の経緯の中で、アメリカ政府に交渉権限を与えている相互通商協定法が 1948 年に失効するという事情によってガットの成立を先行させることになり、暫定適用議定書が作成され 23 カ国が署名したのである[255]。その後、ITO 設立の挫折により、暫定的な性格をもつガットが適用され続けることとなり、このガットの永続化が事実上の国際組織としての GATT を生んだのである[256]。

　GATT は総会、理事会、事務局を有するかたちとなったが、ガットには GATT が締約国団として規定されているだけであった。理事会は 1960 年の締約国団総会決議[257]によるものであり、事務局は ITO 準備委員会の事務局の設置決議によるものであり、ガット上の根拠を有さないままであった。GATT を正式の国際組織とする構想は WTO 構想以前にもあったが、米国議会の反対もあり実現しなかった[258]。さらに興味深いことはアメリカが通商協定法に基づいてガットを締結しなければならなかったため、

GATT が国際組織であることを意味する文言を削る努力をした
という史実が存在していることである[259]。このような事情から
GATT は WTO 設立までは暫定的な性格を有し続けてきたので
ある。バウエットは GATT について「国際組織というよりも国
際条約である」と評価していた[260]。

　そうであるにも拘わらず GATT はその後の経緯の中で総会
（締約国団）、理事会、事務局という国際組織に特徴的な三部構成
を備えていったのである。この点について筒井は「国際貿易機関
が不成立となった以上は、一般協定が国際貿易「機構」に代る地
位を要請され、機構としての運用が進んでいくことは自然の勢い
であり、GATT の今日までの発達に照らして、これを一つの国
際組織とみることには、決定的困難はないと考えられる」と指摘
していた[261]。また、ジャクソンは GATT を「事実上の国際組織
（de facto organization）」とみなしていた[262]。

II　環境条約における実施確保機関の法的性質

1　環境分野における制度化

　前述のような GATT 成立の歴史的経緯に対して、現在、環境
条約において共通の形式の実施確保機関が発展してきている理由
はどのような点にあるのだろうか。まず、環境分野においては科
学的知見が時間の経過とともに進展していくので、条約内容の継
続した再検討の必要性があり、この点において実施確保機関が必
要とされてきたという点を指摘することができる。

　第二点として、枠組み条約の採択に合意した後、具体的な規制
措置については締約国間のコンセンサスが段階を追って事後的に

第6章　実施確保機関：地球環境の保全　159

形成されていくことになるので、この点においても実施確保機関の存在が重要であると言える。

　第三に、伝統的な国際法における紛争解決方式や国家責任の制度は、環境分野においては十分に機能しないことが明らかになってきたことから、締約国の条約義務の実施について監督するために実施確保機関が必要とされてきたという点を指摘することができる。

　しかし、GATTの場合にはITOという世界貿易を総合的に取り扱う国際組織設立の構想が当初より存在し、紆余曲折を経て、1995年にはWTOという国際組織の設立をみた。これに対して環境条約の履行確保を総合的に取り扱う強力な専門機関等を新設する構想は国際社会においては支持を得てはいない。多数の環境条約が検討されるようになった1970年代、既存の国際組織が有する諸問題、すなわちコストの問題や官僚主義の弊害等について、国際社会における批判が高まっていたため、専門機関を新設することに対して、否定的な見解が強く表明されていた点をひとつの要因として指摘しなければならない。

　結果的には国連総会の補助機関として国連環境計画（UNEP）が設立され、また、国連総会決議を経て経済社会理事会決議によって持続可能な開発委員会（CSD）が設立された。CSDはその後、国連持続可能な開発会議（「リオ＋20」、2012年開催）がこれに代わる枠組みとして第68回国連総会までに「第1回ハイレベル政治フォーラム」を開催する旨決定し、2013年にはCSD最終会合が開催された。今日においては、環境条約の実施確保機関は総体として、これら国連機関よりも重要な存在となってきている。そして、個々の環境条約が、それぞれ締約国会議、事務

局、補助機関といった共通の形式の実施確保機関を設置していく方式がとられたわけである。

環境条約が設置する締約国の総会にあたるものが、締約国会議であり、定期的会合を開催する。これに対してGATTの場合にはガット25条に「この協定において、共同して行動する締約国を指すときはいつでも、締約国団という。」との規定があり、これがGATTの総会にあたるわけであるが、1960年の締約国団決議によって設立された理事会が実際には日常業務を遂行してきた[263]。締約国団は幅広い権限をもち、ガットに明示的に根拠をおくものとしては、数量制限審査権（14条4項b）、ウエーバーの付与権（25条5項）等があり、実行上はガットの改正提案権、解釈権等も認められていた[264]。

環境条約の締約国会議の場合には対内的には補助機関を設置したり、手続き規則を定めたり、事務局等に指針を示すといった権能を有している。また、締約国会議は条約を修正、または改正し、議定書を採択するなどして、締約国の法的義務の内容の発展に寄与している。さらに締約国会議は締約国の条約実施状況を監督し、不遵守の結果に関する決定をする。対外的には締約国会議は国家や国際組織と協定を締結する権能を有していると考えられている。ヴェルクスマン（Jacob Werksman）はその編著の中で、自らは環境条約の締約国会議に関する章を担当し、締約国会議は「国家が地球環境の保全のためにその主権の制限を容認していく」という点においては、より正式に設置された国際組織以上の潜在能力を有している旨指摘している[265]。

1971年のラムサール条約（特に水鳥の生息地として国際的に重要な湿地に関する条約）が締約国会議に条約の実施を検討する

役割を与え、これを定期的に開催するようになった最初の環境条約である。当初、条約上の規定として締約国会議は「必要が生じた際に」開催するとされていたが、現在では3年ごとに会議が開催されている。続いて1973年のワシントン条約（絶滅のおそれのある野生動植物の種の国際取引に関する条約）において今日の締約国会議の形式が確立された。すなわち、その第11条において締約国会議を設置し、少なくとも2年に1回の通常会合を開催するものとし、附属書の改正を検討し採択する等の権限を付与した。その後、1985年のオゾン層保護のためのウイーン条約、1989年の有害廃棄物の国境を越える移動及びその処分の規制に関するバーゼル条約等においても締約国会議の形式が導入されていった。オゾン層保護のためのウイーン条約はその6条で締約国会議について、7条で事務局について規定している。バーゼル条約はその15条において締約国会議について、16条において事務局について規定している。1992年の気候変動に関する国際連合枠組み条約の採択過程においてはすでに実施確保機関設置の形式を国際環境条約における一般的慣行とみなして議論がすすめられた。

　事務局については、GATTの場合にはガットに規定はなく、ITO準備委員会の事務局設置決議を根拠とした事務局が事実上のGATT事務局としてジュネーブにおいて業務を遂行してきた。今日、この事務局がWTO事務局に継承されているのである。1955年のガット改正によってガット23条等に「締約国団の書記局長」という文言が挿入され、GATT事務局長についてはガット上の根拠が与えられた。1965年3月23日の総会決定により書記局長（Executive Secretary）から事務局長（Director-General）

に呼称の変更がなされている[266]。

しかしながら、GATT 事務局自体についてはガットに規定が置かれることはなかった。これに対して環境条約の場合には条約自体や関連決議の中で事務局の機能として「締約国会議、補助機関、締約国に対し、条約の実施において役務を提供するもの」である旨規定されるのが一般的であり、業務としては研究の推進、締約国会議の決議案の作成、締約国の条約実施に関する報告書の受理などを担当している。環境条約の実施機関の事務局の場合、既存の国際組織の事務局を利用する場合が多く、国連、国連環境計画、国際海事機構等が用いられてきている。事務局は締約国会議の指示のもとに活動する。

補助機関として、GATT の場合には紛争処理のための小委員会等が慣行に基づいて発展し設置されていた。ガット23条が主たる紛争解決規定ではあるが、手続き的な詳細が規定されたものではなく、締約国は慣行を通じて手続きを発展させていったのである[267]。

環境条約の場合には締約国会議に助言や情報を提供することを目的とする補助機関、資金援助や技術移転に関わる補助機関、条約の履行確保に責任を有している補助機関等が設置され、締約国の一部が選出されてメンバーとなることが一般的となっている。

GATT については前述の通り、組織的な曖昧さがその特徴であり、このため国際社会は GATT の権能についても明確な定義をすることができなかった。すなわち「GATT はどこまで加盟国に対して勧告や指示ができるのか、GATT はどこまで、国際協定を結んだり国内法上の契約を締結することができるのか、GATT 事務局の職員はどこまで特権免除を享有しているのか、

第6章　実施確保機関：地球環境の保全　163

といった国際機構としての法律上の基本問題に明確な答えを出せないまま今日に至っている。」[268] との指摘が常になされていたのである。しかしながら GATT は「歴史が要請したため」幾多の障害を乗り越えて発展していったのである[269]。

　これに対して WTO は国際法上の法人格を有し、条約締結権はもとより、一般国際法上、国際組織に認められている権能を有すると理解されている。

　他方、環境条約が設置した締約国会議は条約における締約国の義務に関する決定を行う権限を与えられており、規範内容を発展させることが実施確保機関の目的のひとつでもある。締約国会議は環境条約の改正を行う権限を有している。条約改正は一定の数の締約国が批准するまで発効せず、また効力は条約改正について批准した国に対してのみ及ぶこととなる。しかしながら実施確保機関による条約改正に関しては際立った特徴もある。オゾン層の保護のためのウイーン条約とオゾン層を破壊する物質に関するモントリオール議定書における条約改正手続きは斬新なものであると言うことができる。オゾン層の保護のためのウイーン条約においてはその9条で議定書の改正を、条約の改正よりも要件のゆるやかな特定多数決で採択することができると規定されており、さらにモントリオール議定書の締約国会合はその2条9項（c）（d）において、特定多数決によって、異議申し立ての可能性を排除し、すべての締約国を拘束する規制内容の調整を採択することができるとされている。この点についてヴェルクスマンはこれを環境分野において国家が多数決意思決定に従っていく方向へ国際組織が発展していく可能性の一過程と位置づけている。

　締約国会議が行う条約改正に関する決定や議定書の採択および

改正は、それらが法的に効力を有するためには締約国による批准を必要とする。しかしながらいくつかの環境条約の締約国会議は準立法的権能を有している。ロンドン条約、ボン条約、バーゼル条約、ワシントン条約において、締約国会議は環境条約の付属文書の改正権限を有している。これらの付属文書は技術的な内容であって、科学的知見の発展、広範な合意の達成、状況の変化などとともに改正を必要とするものであるが、締約国会議が付属文書を改正する手続きにおいてはそれが締約国によって批准される必要がない。一定期間内に異議申し立てをしない限り、そのような改正はすべての締約国に対し、法的拘束力を有することになる。さらにモントリオール議定書の場合には異議申し立ての可能性が排除されているため、締約国会合は立法的権能を有していると言うことができる。

2 実施確保機関の機能

さて、最近の環境条約は締約国会議に対し、条約の目的を達成するために必要とされる追加的措置をとる権限を与えている。この一般的権限が立法的権能を含むか否かという点については論争がある。バーゼル条約の場合、15条5項（c）に規定がある。締約国会議はこの権限のもとで、1994年の第二回締約国会議においてOECD加盟国から非OECD加盟国に対する有害廃棄物の越境移動を禁止する決定を採択したわけである。しかしながら、これに対して、「締約国会議は条約の目的を達成するために必要な追加的行動をとる一般的権限を利用して締約国の条約上の義務を変更することはできないので、この決定は法的拘束力を有しない」とする批判がいくつかの締約国からなされた。そのため、

1995 年の第三回締約国会議においては、同決定の内容をとりこんだ条約改正を採択することによって調整がなされた。環境条約の締約国会議は実際上、様々な立法的権能を行使しており、それは法的拘束力のあるものと意図され、またみなされているわけであるが、環境条約はこれについて明文で規定してはいない。

　そのため、これを黙示的権能に根拠を有するものであるとみなすのか、あるいは明示に容認されていない行為は、締約国会議による越権行為とみなすべきであるのか、議論が分かれるところである。環境条約の締約国会議の立法的権能は国際組織が有している立法的権能に近いということができる。

　さて、環境条約上の義務の締約国による履行確保のためには、これを監督し、促進する手続きとメカニズムが必要となる。ほとんどの環境条約はこの点において締約国会議に対し、一般的監督権限を付与している。締約国会議がこの機能を遂行するために、多くの環境条約は締約国に対して、条約の実施状況について報告することを要求しており、これらの報告書は多くの場合、専門的・技術的補助機関による検討の後に、締約国会議によって検討がなされる。

　環境条約においては伝統的な紛争解決方式ではなく、不遵守手続きが用いられる場合がある。不遵守手続きを使用する長所としては、環境問題は多数国間において取り扱われることが望ましいこと、また不遵守手続きは協力的なかたちでの解決を促進するという点を指摘することができる。このため、補助機関を設置している例があり、モントリオール議定書の場合、8 条にもとづいて、締約国会議は 1992 年の第 4 回会議で不遵守手続きを採択し、その実施のための組織として、実施委員会を設置した。サンズとク

ラインは、この不遵守手続きを第13章の「司法的・準司法的機能」の1項目として位置づけ、モントリオール議定書の実施委員会等について解説しているが[270] この位置づけについては議論があるところであろう。

モントリオール議定書の附属書Ⅴにおける「この議定書の不遵守に関する締約国会議によりとられることのある措置の指示一覧」は協力的解決としての援助だけではなくて、警告や停止も含む措置を列挙している。また、国連気候変動枠組み条約においても、2001年の第7回締約国会議において「京都議定書に基づく遵守に関する手続きおよびメカニズム」が採択されている。

環境条約が明確な規定を有していない場合にも、実施確保機関を国際組織と位置づけ、国際組織法の一般原則を適用するならば、一定の状況において、制裁措置として当該締約国の条約のもとにおける協力関係からの停止や除名の措置をとることを許容しているということができる。しかしながら、このような措置は環境条約の履行確保において望ましい手段ではなく、締約国会議は一般的にこのような制裁の実施を避ける傾向がある。

次に環境条約における実施確保機関が条約締結権を有しているか否かという問題について検討する。この点については主として前述のチャーチルとウルフシュタインによる先行研究を参考としながら論じてみたい[271]。

国連法務部は、1993年に「資金供与の制度に関し、気候変動に関する国際連合枠組み条約第11条の規定の実施のための取り決め」と題する、意見を提出している[272]。

この国連法務部意見においては1986年に採択された国際組織条約法条約に関する言及がなされている。すなわち国際組織条約

法条約第6条は国際組織が条約を締結できるか否かという問題については「国際組織が条約を締結する能力は、当該国際組織の規則によるものとする。」と定めている。そして、同条約2条1項(j)は「『国際組織の規則』とは、特に、当該組織の設立文書、当該文書に従って採択された決定及び決議並びに当該組織の確立した慣行をいう。」としている。

国連法務部意見は、「気候変動枠組み条約がその第7条において締約国会議を条約の最高機関として設置し、条約及び締約国会議が採択する関連する法的文書の実施状況を定期的に検討するものとし、その権限の範囲内で、条約の効果的実施を促進するために必要な決定を行なう権限を与えられている」ことを指摘している。また、「第7条2項（a―1）にかかげられた広範な機能に加えて、締約国会議は、条約第7条2mにより、「条約の目的の達成のために必要な任務を遂行することができる」とされている点を指摘し、「締約国会議は権限の範囲内でその権限を有するほかの機関との間で条約関係に入ることができる」との結論に到っている。

ここで、注目すべき点は、国連法務部が、国際組織条約法条約に言及していることであり、締約国会議を含む実施確保機関が正式な国際組織としては設立されていないにもかかわらず、実施確保機関を新たな形態の国際組織とみなしている点である。

国連法務部は「気候変動に関する国際連合枠組み条約の関連規定から、締約国会議はその任務の範囲内において、同じく権限を有する国家、政府間組織、非政府組織と協定その他の取り決めを結ぶ法的能力を有する。」との結論をとっている。関連規定として国連法務部が検討したのは気候変動に関する国際連合枠組み条

約の第7条および第8条である。そのうえで、この段階では本件で主たる問題となっていた地球環境ファシリティーの協定締結能力自体については否定し、締約国会議は地球環境ファシリティーの parent organization としての世界銀行との間で協定その他の取り決めを結ぶべきであるとの結論に到っている。

さて、実施確保機関を国際組織として位置づけるのであれば、国際組織法の一般理論としての黙示的権能論にもとづいた、実施確保機関の条約締結権について検討することも可能であろう。実施確保機関はその対外的関係において、条約など拘束力ある合意の関係に入る必要性がある。ここでは他の国際組織との関係、資金供与機関との関係、事務局の存在する国家との関係などが問題になるであろう。

まず、他の国際組織との関係についてであるが、実施確保機関としての事務局は他の国際組織、たとえば事務局の運営を委託された国際組織の一部分を形成している場合がある。その場合、当該国際組織がこの責任を引き受け、事務局の機能に関して締約国会議との間で取り決めについて合意する必要があるわけである、気候変動枠組み条約の第11条（3）、砂漠化対処条約の第23条（3）などにこれに関連する規定がある。実際上、これらの取り決めは、「実施確保機関」と「制度の運営を委託された国際組織」が、それぞれの関係について規定した並行決議として採択されている。たとえば、気候変動枠組み条約締約国会議による「条約事務局と国連の制度的リンケージ」に関する1995年の決定に対し、同年、国連総会は関連決議を採択している。

第二に、資金供与機関との関係については、国連法務部が1994年に提出した意見においては「締約国会議が地球環境ファ

第6章　実施確保機関：地球環境の保全　169

シリティーとの間で法的拘束力を有する協定を締結することができる」旨勧告している[273]。

　パラグラフ16においては、国連法務部は、「十分な確実性をもって言えることは、信用性の問題、資金供与の可能基準に関する遵守の問題、特定の資金供与の再検討に関する問題、共同意思決定や条約実施に必要とされる地球環境ファシリティーの資金供与の再検討手続きの問題等の複雑な問題については、これらの目的のために締結された協定によって規律されるべきであるということである。地球環境ファシリティーを条約のもとにおける活動の資金源として実効的に運営するために上記の問題は法的に拘束力を有する協定によって規律されねばならない。」との見解を述べている。

　第三に検討すべき点として、環境条約の実施確保機関としての事務局が条約の運営を委託されている国際機関の本部以外の国に存在している場合、特権免除に関する協定等がその国との間で結ばれる必要がある。

　オゾン層を破壊する物質に関するモントリオール議定書は資金供与の制度として第10条2項が「一の規定に基づき設けられる制度は、多数国間基金を含むものとする。」と規定していることを受けて、多数国間基金が締約国会議によってカナダに設立された。モントリオール議定書の事務局はUNEP本部のあるケニアに存在するため、締約国会議は多数国間基金がその機能の遂行、利益の保護、契約に入る能力、動産・不動産の取得・処分、訴訟当事者能力等の法的能力を享受する必要がある旨決定し、さらに、多数国間基金およびその職員は目的と機能を遂行するに必要な特権・免除を享受すべきである旨決定した。

1998年の多数国間基金とカナダとの間の協定は基金、職員、締約国代表および専門家に関する特権・免除を規定している。この協定は多数国間基金によってモントリオール議定書の締約国会議の決定にもとづいて発効した条約であると結論づけることができる。

さて、気候変動枠組み条約についてみると、条約の運営を委託されているのは国連であるが、事務局はボンにあるのでドイツとの間で取り決めが必要になる。これに関連して暫定事務局の事務局長は条約事務局の法人格と能力について、国連法務部の意見を求めた。ここでは国連法務部はパラグラフ2で、実施確保機関について、それらが「国際組織に属する一定の特徴を有する。しかしながら、法的にみてこのような機関はいずれも国連の補助機関ではない」と結論した[274]。

事務局について、パラグラフ5で国連法務部は「条約機関の区別された性格という見地から、条約事務局が組織として国連にリンクしているという事実にも拘わらず、適切な協定のもとで国連が享受している法制度は条約事務局に自動的に付与されるわけではない」としている。このため、国連法務部は、締約国会議または補助機関が事務局に対してその目的の達成のために必要とされる法人格、法的能力、特権・免除を付与する決定をしているか否かについて検討することによって、この点を明確にすることができる旨述べている。モントリオール議定書の場合、締約国会議は多数国間基金に法人格、法的能力を付与し、必要な特権・免除を与えている。その後、1996年に国連、ドイツ、気候変動枠組み条約事務局間で協定が締結された。同協定は事務局がドイツにおいて法人格を有する旨規定し、また事務局、職員、代表団、条約

の作業に参加する個人に特権免除が付与される旨規定している。

　結論として環境条約は実施確保機関に対して明確に国際法人格や条約締結能力を付与した規定を有してはいないと言わざるを得ない。しかし、締約国会議に付与された一般的・特定的権能はこのような法人格や能力を含むものと解釈することができる。国際組織について発展してきた黙示的権能の法理は環境条約上の実施確保機関についても適用することができると言えるであろう。そのような慣行がすでに存在していることを指摘することができるわけである。

　もし環境条約の実施確保機関が条約締結権を有していないと考えるならば環境条約の締約国団を協定の当事者であるとみなすことになるわけであるが、この解釈は締約国会議の自立的性格を考慮した場合に採用できないと考える。環境条約の実施確保機関は慣行上、国際法人格を有するものとみなされ、他の国際法主体との間で条約締結能力を有するとみなされていることを指摘することができる。

おわりに

　以上、検討してきたように「GATT の法構造」と「環境条約の実施確保機関制度」の間には類似性がみられる。条約上の義務の履行確保ため、GATT は ITO の挫折という歴史的偶然の産物として WTO 成立までの過程を国際組織としての実態を獲得しつつ運営され、「国際組織の国際法上の法人格の意義を明示したことで有名な 1949 年の国際司法裁判所の損害賠償事件の要件に照らせば、ガットは法人格をもつ国際組織であるための客観的な構

造を備えている」と分析されてきた[275]。

　これに対して環境条約における実施確保機関の制度的枠組みは今後さらなる組織化の方向へ発展していくのかという点については未だ明確ではない。国際法人格や条約締結能力を国際組織の定義の要素とする見解もあるが、たとえばアメラシンゲは「国際組織の定義として国際法人格や条約締結能力が指摘されることがあるが、これらは定義としては本質的なものであるかどうか疑わしい、むしろこれらは国際組織であることの帰結ではないか」と指摘している[276]。

　そうであるならば、WTO に匹敵するようなたとえば WEO といった国際組織の成立を待たずして「環境条約の実施確保機関制度」が一定の「国際組織」としての権能を備えていくことも十分考えられるのであろう。

〈注〉

241　Immanuel Kant, *Zum Ewigen Frieden*, 1795. 宇都宮芳明・カント著訳『永遠平和のために』岩波書店、1985 年、40-42 頁参照。

242　Reparation for Injuries suttered in the service of the United Nations, Advisory Opinion: ICJ Reports 1949.

243　Certain Expenses of the United Nations（Article 17, Paragraph 2 of the Charter), Advisory Opinion: ICJ Reports 1962.

244　Patricia Birnie, Alan Boyle and Catherine Redgwell, *International Law & the Environment, Third Edition*, Oxford University Press, 2009, pp.69-71.

245　John H. Jackson, *Restructuring the GATT System*,Pinter Publishers Ltd., 1990, p1.

246　*Ibid.*, pp. 93-100.

247 西元宏治／奥脇直也「国際関係の法制度化現象と WTO における立憲化議論の射程」『ジュリスト』No. 1254、2003 年、117 頁。

248 Andrew T. Guzman 'Global Governance and the WTO : *Harvard International Law Journal*, Vol. 45, No. 2, 2004, pp. 303-351.

249 Philippe Sands and Pierre Klein, *Bowett's Law of International Institutions, Sixth Edition*," Sweet & Maxwell, 2009, pp. 15-16.

250 Henry G. Shermers and Niels M. Blokker, *International Institutional Law, Revised Edition*, Brill Academic Pub., 2011,pp. 36-47.

251 Robin R. Churchill and Geir Ulfstein, "Autonomous Institutional Arrangements in Multilateral Environmental Agreements : A Little-NoticedPhenomenon in International Law," *American Journal of International Law*, Vol. 94, No. 4, 2000, pp. 655-658.

252 Henry G. Shermers and Niels M. Blokker, *op.cit,* p.37.

253 Philippe Sands and Pierre Klein, *op.cit.*, pp. 115-149.

254 *Ibid.*, pp. 15-16.

255 岩沢雄司『WTO の紛争処理』三省堂、1995 年、4-7 頁。

256 小寺彰『WTO 体制の法構造』東京大学出版会、2000 年、12-15 頁。

257 GATT, BISD 9S/8.

258 John H. Jackson, *World Trade and the Law of GATT*, The Bobbs-Merrill Company INC., 1969, p. 49-53.

259 岩沢雄司『前掲書』、5 頁。

260 D.W. Bowett, *The Law of International Institutions, Fourth Edition*, Stevens, 1982, pp. 117-118.

261 高野雄一／筒井若水『国際経済組織法』東京大学出版会、1965 年、170 頁。

262 John H. Jackson, *The World Trading System, Law and Policy of International Economic Relations, Second Edition*, The MIT

Press, 2000, p. 59.

263 John H. Jackson, *Restructuring the GATT System* op. crt., pp. 21-22.

264 小寺彰「GATT の国際法的地位」『貿易と関税』1990 年 1 月号、41 頁。

265 Jacob Werksman, *Greening International Institutions*, Earthscan Publications, 1996.

266 津久井茂充『ガットの全貌〈コンメンタール・ガット〉』日本関税協会、1993 年、161 頁。

267 John H. Jackson, William J. Davey, Alan O. Sykes. Jr, *Legal Problems of International Economic Relations, Cases, Materials and Text, Fourth Edition*, West Group, 2002, p. 257.

268 横田洋三「GATT から世界貿易機関へ—機構的発展の意味するもの」『国際問題』414 号、1994 年、18 頁。

269 John H. Jackson, *The Jurisprudence of GATT and the WTO, Insights on treaty law and economic relations*, Cambridge University Press, 2000, p. 18.

270 Philippe Sands and Pierre Klein, *op. cit.*, pp. 436-437.

271 Robin R. Churchill and Geir Ulfstein, *op. cit.*, pp. 643-659.

272 A/AC.237/50, 2 December 1993.

273 A/AC.237/74, Annex, 23 August 1994.

274 FCCC/SBI/1996/7, 26 February 1996.

275 小寺彰「世界貿易機関（WTO）設立の法的意味」『国際経済法』第 3 号、1994 年、61 頁。

276 Amerashinge, *Principles of the Institutional Law of International Organizations*, 2nd ed., Cambridge Univ. Press, 2005, pp. 10-11.

終章　地球共同体を目指して

　国際司法裁判所の判事であるトリンダーデ（Antônio Augusto Cançado Trindade）は、今日の国際法において国益を追求する国家が中心を占めていることは否めない事実ではあるが、同時に国家その他の国際法主体が人類の必要や願望を充たすため、共通の高次の利益の追求に対して優先順位をおくという進展がみられることを指摘している[277]。トリンダーデは「新しい万民法（a new jus gentium）」を提唱しているが[278]、2017年4月に国際司法裁判所が仮保全措置命令を出した「テロ資金供与禁止条約および人種差別撤廃条約の適用事件（ウクライナ対ロシア）」において表明した個別意見の中でもこの議論を展開している[279]。この中でトリンダーデは「人間の脆弱性（Human Vulnerability）」という概念を中核とし、「人間的な国際法（the humanized international law）」すなわち「新しい万民法」というパラダイムの萌芽がみられると主張するのである。トリンダーデは「新しい万民法」は脆弱な状況にある人間の保護の必要性に対して注意を払うものであるとする。すなわち、従来の国家間関係に限定した見方は、受益者が人間であるという重要な視点を見逃すこととなるとしている。

　さて、本書の第1章においては「地球共同体」における共通利益の問題を司法的解決の観点から分析した。そこにおいて焦点となったのは普遍的義務の履行確保の問題であった。共通利益を前提として、直接の被害国ではない国家が国際的な訴訟において原

告適格を有すると主張できるのか、本章において検討した課題は、「地球共同体」の概念と親和性を有するものであった。

　続いて第2章においては、「地球共同体」において共同の対処が必要となる課題である大量破壊兵器不拡散およびテロ対策の問題について、制裁の観点から論じた。「包括的制裁」と「標的制裁」の両者の課題を検討しつつ、安保理決議の合法性審査に関しても、制裁と個人の問題を焦点に検討した。ここにおいては、平和と安全の維持のための制裁が個人に対して否定的な影響を与える場合に、「地球共同体」はどのように対処すべきであるかという未解決の問題が残されている。

　第3章においては「地球共同体」の概念を構想するうえで重要な課題となる一般市民の保護の問題について、武力行使の規制の観点から考察した。諸国家が国連等の国際組織を通じて普遍的価値にもとづいて行動するのか、あるいは国家間主義に傾斜した行動をとるのかという点は、現段階においては諸国家の選択の問題であり、「地球共同体」の現状を映し出すものであった。

　第4章においては「地球共同体」においてやはり重要な課題である人権の国際的保障における履行確保の問題を検討した。とくに人権条約に共通する履行確保措置である国家報告制度の可能性と限界について分析することにより、国家主権の壁は依然として高いという認識と同時に、将来的な展望を示唆した。

　第5章は国際組織の活動に焦点をあて、これが規範の主流化や将来的な国際法の定立に影響を与えている現象について、「人間の安全保障」の概念を素材として分析した。

　第6章においては環境条約の実施確保機関が地球環境の保全に対して果たしている役割をその法的地位の問題と併せて検討し

た。これは現段階において「地球共同体の国際法」と評価することが最もふさわしいであろう国際環境法分野における実施確保機関の実際を分析することが目的であった。

「地球共同体」について考察する際に、筆者の中には永く、以下の重要な指摘が存在している。すなわち、国際社会に集中的権力が存在していれば、「「大社会」の想定を待つまでもなく、権力機関に帰属する法機能から、当然に立法機能も引き出すことができる」が、「そのような権力的存在は、現在ないし過去の国際法理論にとって、主権的あるいは自然的自由の立場をとる上での理論上の障害となり、また、現実現象としても肯定できない」とする指摘である[280]。

ここでいう「大社会」はヴォルフ（Christian Wolff）のいうところの civitas maxima である。それは「世界国家」とも翻訳され得る概念であるが、本書において用いている「地球共同体」はそのような概念をも念頭においたうえで、Global Community という用語に敢えてこの訳語をあてたものである。「地球共同体」の検討は本書においてまさにその端緒についたばかりである。

〈注〉

277　Antônio Augusto Cançado Trindade, *Inetrnational Law for Humankind: towards a new jus gentium, 2^(nd) revised edition,* Nijhoff, 2013, p.24.

278　Ibid., pp.9-29.

279　SEPARATE OPINION OF JUDGE CANÇADO TRINDADE, Order of 19 April 2017, Request for the indication of Provisional Measures, Application of the International Convention for the Suppression of the

Financing of Terrorism and of the International Convention on the Elimination of All Forms of Racial Discrimination (Ukraine v.Russian Federation).

280　筒井若水「前掲論文」33 頁。

あとがき

　本書の基礎となった研究については、まず筆者が大学の教養部時代よりその学恩を受け、大学院においては指導教授としてご指導いただいた筒井若水・東京大学名誉教授に感謝したい。また学部生時代には故・内田久司・東京大学名誉教授の国際組織法演習に参加することができ、研究者となってからは故・小寺彰・東京大学教授に折に触れご指導いただいた。さらに国連大学を通じてタフツ大学フレッチャー・スクールのジョンストン教授（Professor Ian Johnstone）等と共同研究をする機会が与えられたことも、まことに感謝すべきことであった。フレッチャー・スクールにおいては、筆者がリサーチ・アソシエイトとして研究を行った際、ハナム教授（Professor Hurst Hannum）にも大変お世話になった。後にケンブリッジ大学国際学研究センターにおいて客員研究員として研究を行った際には、エドワーズ博士（Dr. Geoffrey Edwards）、ヴェラー教授（Professor Marc Weller）にご指導いただき、ジョージタウン大学国際経済法研究所に客員研究員として所属した際はブラウンワイス教授（Professor Edith Brown Weiss）、故・ジャクソン教授（Professor John H.Jackson）にお世話になった。

　本書の構想については、東京外国語大学大学院総合国際学研究科の多くの大学院生たちに感謝しなければならない。2009 年の着任以降、筆者は国際法分野において多くの大学院生たちの研究指導をしてきたが、その過程において、自分自身の研究について

振り返り、再認識させられることも多かった。本書の編集については、国際書院の石井彰社長に大変お世話になった。今日の厳しい出版事情にもかかわらず本書の出版を快くお引き受けいただいたことに対し、改めて謝意を述べる次第である。本書は「平成29年度東京外国語大学特別研修制度」による研究成果である。貴重な研修の機会を与えていただいた東京外国語大学と、マックス・プランク比較公法国際法研究所のボグダンディ（Professor Armin von Bogdandy）、ピータース（Professor Anne Peters）両所長およびヴォルフルム教授（Professor Rüdiger Wolfrum）、フロバイン教授（Professor Jochen Abraham Frowein）、マカリスター・スミス博士（Dr.Peter Macalister-Smith）に感謝の意を表明したい。また、本書は「平成30年度東京外国語大学大学院競争的経費」より助成を得て刊行される。さらに本書の基礎となった研究は、科研費基盤研究A（平成25－27年度 25257105）の研究分担者としての研究成果でもある。

　最後に、私事であるが、著者の研究生活を支えてくれている家族（松隈裕美、泉、希）に感謝したい。

　　2018年9月フレッチャー・スクール　Edwin Ginn Library にて

　　　　　　　　　　　　　　　　　　　　　　松隈　潤

181

文献一覧

I 英語文献

Alvarez, José, *International Organizations as Law-Makers* (Oxford University Press, 2005).

Alvarez, José, *The Impact of International Organizations on International Law* (Brill Nijhoff, 2017).

Barnett, Michael and Duvall, Raymond (eds), *Power in global governance* (Cambridge University Press, 2005).

Benedek, Wolfgang (ed), *Mainstreaming human security in peace operations and crisis management* (Routledge, 2011).

Birnie, Patricia, Boyle, Alan and Redgwell, Catherine, *International Law & the Environment, 3rd edition* (Oxford University Press, 2009).

Boisson de Chazournes, Laurence, Kohen, Marcelo Gustavo and Gowlland-Debbas, Vera (eds), *International law and the quest for its implementation: liber amicorum Vera Gowlland-Debbas* (Brill, 2010).

Bothe, Michael, "Security Council's Targeted Sanctions against Presumed Terrorists, The Need to Comply with Human Rights Standards," *Journal of International Criminal Justice*, Vol.6, 2008, pp.541-555.

Chesterman, Simon, Johnstone, Ian and Malone, David, *Law and Practice of the United Nations: Documents and Commentary,2nd edition* (Oxford University Press, 2016).

Chesterman, Simon *Just War or Just Peace? Humanitarian Intervention and International Law* (Oxford University Press, 2001).

Churchill, Robin R. and Ulfstein, Geir , "Autonomous Institutional

Arrangements in Multilateral Environmental Agreements : A
Little-Noticed Phenomenon in International Law," *American
Journal of International Law*, Vol. 94, No. 4, 2000, pp.623-659.

Chayes, Abram and Chayes, Antonia Handler, *The New Sovereignty:
Compliance with International Regulatory Agreements* (Harvard
University Press, 1995).

Cogan, Jacob, Hurd, Ian and Johnstone, Ian (eds), *The Oxford
Handbook on International Organizations* (Oxford University Press,
2016).

Cortright, David and Lopez, George A, *The Sanctions Decade:
Assessing UN Strategies in the 1990s* (Lynne Rienner Publishers,
2000).

Carter, Barry E, *International Economic Sanctions* (Cambridge
University Press, 1988).

De Wet, Erika, *The Chapter VII Powers of the United Nations
Security Council* (HART Publishing, 2004).

De Burca, Grainne, "The European Court of Justice and the
International Legal Order after Kadi," *Jean Monet Working Paper
01/09*, 2009.

Eide, A, Eide, W.B., Goonatilake, S, Gussow, J., and Omawale (eds),
Food as a Human Right (United Nations University Press, 1984).

Farrall, Jeremy and Rubenstein, Kim (eds), *Sanctions, Accountability
and Governance in a Globalized World* (Cambridge University
Press, 2009).

Franck, Thomas M., *The Power of Legitimacy among Nations*
(Oxford University Press, 1990).

Francis, Angus, Popovski, Vesselin and Sampford Charles (eds),
Norms of protection responsibility to protect, protection of civilians

and their interaction (United Nations University Press, 2012).

Gould, Harry D, *The legacy of punishment in international law* (Palgrave Macmillan, 2010).

Gowlland-Debbas, Verra (ed), *United Nations Sanctions and International Law* (Kluwer Law International, 2001).

Gray, Christine, *International Law and the Use of Force, 4th edition* (Oxford University Press, 2018).

Hurd, Ian, *International Organizations: Politics, Law, Practice, 3rd edition* (Cambridge University Press, 2018).

Hobson, Christopher (ed), *Human Security and Natural Disasters* (Routledge, 2014).

International Committee of the Red Cross, *To serve and to protect human rights and humanitarian law for police and security forces* (International Committee of the Red Cross, 2014).

Jackson, John H, *Restructuring the GATT System* (Pinter Publishers Ltd., 1990).

Johnstone, Ian, *The Power of deliberation, International law, politics and organizations* (Oxford University Press, 2011).

Kälin, Walter, *Incorporating the guiding principles on internal displacement into domestic law; issues and challenges* (The American Society of International Law, 2010).

Klabbers, Jan and Wallendahl, Asa (eds), *Research Handbook on the Law of International Organizations*, (Edward Elgar Pub, 2011).

Linderfalk, Ulf, "International legal hierarchy revisited; the status of obligations erga omnes," *Nordic journal of international law*, Vol.80, No.1, 2011, pp.1-23.

Mani, V.S., "Jus cogens and obligations erga omnes; implications for modern international law," *Soochow law journal*, Vol.3, No.1, 2006, pp.35-62.

McQuigg, Ronagh, "How Effective is the United Nations Committee Against Torture?" *European Journal of International Law*, Vol.22, No.3, 2011, pp.813-828.

Melon, Theodor (ed), *Human Rights in International Law* (Oxford University Press, 1986).

MacFarlane, Neil S. and Khong, Yuen Foong, *Human Security and the UN: A Critical History* (Indiana University Press, 2006).

Malone, David, *The International Struggle Over Iraq: Politics in the UN Security Council 1980-2005* (Oxford University Press, 2006).

Martin, Mary and Kaldor, Mary (eds), *The European Union and human security, External interventions and missions* (Routledge, 2010).

Martin, Mary and Owen, Taylor (eds), *Routledge Handbook of Human Security* (Routledge, 2013).

Naert, Frederik, "The application of international humanitarian law and human rights law in CSDP operations," in Enzo Cannizzaro (ed) *International law as law of the European Union* (Martinus Nijhoff, 2012).

Ogata, Sadako and Cels, Johan, "Human Security – Protecting and Empowering the People," *Global Governance*, Vol.9, No.3, 2003, pp.273-282.

Phuong, Catherine, *The international protection of internally displaced persons* (Cambridge University Press, 2004).

Ryngaert, Cedric and Noortmann, Math (eds), *Human security and international law; the challenge of non-state actors* (Intersentia, 2014).

Picone, Paolo, "The distinction between jus cogens and obligations erga omnes," in Cannizzaro, Enzo and Arsanjani, Mahnoush H.

(eds), *The law of treaties beyond the Vienna Convention* (Oxford University Press, 2011) pp.411-424.

Ragazzi, Naurizio, *The Concept of International Obligations Erga Omnes* (Oxford University Press, 1997).

Reinalda, B, (ed), *Routledge Handbook of International Organization* (Routledge, 2013).

Sands, Philippe and Klein, Pierre, *Bowett's Law of International Institutions, 6th edition* (Sweet & Maxwell, 2009).

Schabas, Wiilliam, *An Introduction to the International Criminal Court, 5th edition* (Cambrdige University Press, 2017).

Shah, Sangeeta, "Questions Relating to the Obligation to Prosecute or Extradite (Belgium v Senegal)," *Human Rights Law Review*, Vol.13, No.2, 2013, pp.1-16.

Tams, Christian J., *Enforcing Obligations Erga Omnes in International Law* (Cambridge University Press, 2005).

Tomuschat, Christian, *The fundamental rules of the international legal order; jus cogens and obligations erga omnes* (Nijhoff, 2006).

Trindade, Antonio Augusto Cangcado, *International law for humankind* (Nijhoff, 2010).

Zenmanek, Kari, "New trends in the enforcement of erga omnes obligations," *Max Planck Yearbook of United Nations Law*, Vol.4, 2000, pp.1-52.

Ⅱ 日本語文献

石本泰雄 『国際法の構造転換』（有信堂，1998年）。

岩沢雄司 『WTOの紛争解決処理』（三省堂，1995年）。

植木俊哉 「国際組織の概念と『国際法人格』」柳原正治編『国際社会の組織化と法〔内田久司先生古稀記念〕』（信山社，1996年）25-58頁。

内田久司 「『拒否権』の起源」『東京都立大学法学会雑誌』5巻1号（1964年）103-163頁。

緒方貞子 「人びとを取り巻く脅威と人間の安全保障の発展」『国際問題』603（2011年）1-4頁。

川崎恭治 「国際法における erga omnes な義務（1）」『一橋研究』11巻4号（1987年）15〜28頁。

小寺彰『WTO体制の法構造』（東京大学出版会，2000年）。

佐藤哲夫 『国際組織法』（有斐閣，2005年）。

須網隆夫「地域的国際機構と国際テロリズム規制―EUによる国際テロへの法的対応と課題―」 国際法外交雑誌 106巻1号（2007年）1頁〜35頁。

高野雄一 『国際組織法 〔新版〕』（有斐閣，1975年）。

田畑茂二郎 『世界政府の思想』（岩波書店，1950年）。

筒井若水 「国際機構論の再構成に関する試論」『国家学会雑誌』86巻5・6号（1973年）1-37頁。『国連体制と自衛権』（東京大学出版会，1992年）。

中谷和弘 「経済制裁の国際法上の機能とその合法性―国際違法行為の法的結果に関する一考察（1）〜（6完）」『国家学会雑誌』100巻5・6，7・8，11・12，101巻1・2，3・4，5・6号。

中村民雄「国連安保理決議を実施するEC規則の効力審査―テロリスト資産凍結（カディ）事件・上訴審判決」 ジュリスト No.1371（2009年）48頁〜59頁。

最上敏樹 「多国間主義と法の支配―武力不行使規範定位に関する一考察」『世界法年報』23号（2004年）93-123頁。

森川幸一「国際連合の強制措置と法の支配―安全保障理事会の裁量権の限界をめぐって（1）（2完）」 国際法外交雑誌 93巻2号（1994年）、94巻4号、（1995年）

柳原正治 『ヴォルフの国際法理論』（有斐閣，1998年）。

横田洋三 『国際組織の法構造』（国際書院，2001年）。

初出一覧

第 1 章「普遍的義務の履行確保」東京外国語大学論集第 87 号、2013 年

第 2 章「制裁における国際人権法・人道法の役割」東京外国語大学論集第 80 号、2010 年

第 3 章「国際社会における武力行使禁止原則の変容（3・完）」国際関係論叢第 4 巻 2 号、2015 年

第 4 章「国際人権法の課題 − 拷問等禁止条約と日本 − 」国際関係論叢第 3 巻 2 号、2014 年

第 5 章「「人間の安全保障の主流化〜国際法の視点から」東京外国語大学論集第 89 号、2014 年

第 6 章「「GATT の法構造」と「環境条約の実施確保機関」の比較研究」西南学院大学法学論集第 38 巻 1 号、2005 年

索　引

AU 不可侵共同防衛条約　130

EU 条約　132

ISIL　68, 69, 70

UNHCR 規程　135, 136

あ　行

アフリカにおける国内避難民の
　保護と援助に関する条約（カ
　ンパラ条約）　130

アフリカ連合（AU）設立規約
　130, 131

安保理決議 661　31

安保理決議 678　73

安保理決議 687　73

安保理決議 688　56, 71, 72

安保理決議 836　72

安保理決議 986　32

安保理決議 1368　67

安保理決議 1373　117

安保理決議 1441　71, 73, 74

安保理決議 1452　36, 40

安保理決議 1540　117

安保理決議 1973　66

安保理決議 2085　70

安保理決議 2178　117

安保理決議 2199　76

い　行

イラク戦争　70, 71, 73, 74, 78

う　行

ヴォルフ　177

お　行

オイル・フォ・フード・プログ
　ラム　32

欧州のための人間の安全保障ド
　クトリン　131

か　行

開発協力大綱　121

ガット　153, 157, 158, 161, 162,
　172

カディ事件　36, 40, 44

カント　149

き　行

強行規範　38, 64, 65, 79, 80

緊急避難　56, 65, 80

く 行

グローバル・ガバナンス委員会
報告書　139
グロティウス　54, 149

け 行

経済協力開発機構条約　133

こ 行

国際刑事裁判所規程　127, 128,
129
国内避難民に関する指導原則
118, 137
国連経費事件　151
国連被拘禁者処遇最低基準規則
101
個人通報制度　23, 88, 89
国家通報制度　18, 21, 23, 24, 26
国家報告制度　22, 24, 88, 89, 90,
91, 92, 93, 95, 96, 97, 103, 111,
112, 176

さ 行

サヤディ事件　41

し 行

質問票先行方式　93, 94, 103, 104,
106, 111

重大な違反　71, 73, 78
受動的属人主義　19, 21
受理可能性　18, 19, 20

す 行

スマート・サンクション　36, 47

せ 行

政府開発援助大綱　121
生命に対する権利　33, 35, 64
世界サミット成果文書　122, 123

そ 行

総括所見　95, 96, 97, 98, 99, 100,
102, 103, 104, 105, 106, 107,
109, 110, 111
訴追または引き渡しの義務に関
する事件　14, 17, 21, 22
損害賠償事件　150

て 行

締約国会議　155, 160, 161, 162,
163, 164, 165, 166, 167, 168,
169, 170, 171
テロ資金供与禁止条約および人
種差別撤廃条約の適用事件
175

な 行

南西アフリカ事件　16, 17

に 行

人間の安全保障　66, 118, 119,
120, 121, 122, 123, 124, 125,
126, 127, 128, 129, 130, 131,
132, 133, 134, 135, 136, 137,
140, 142, 143, 144, 176
人間の安全保障に関する決議
122, 123, 126
人間の尊厳　87

は 行

バルセロナ・トラクション事件
13, 19
万国国際法学会　15, 16

ひ 行

東ティモール事件　17

人道的干渉

人道的干渉　53, 56, 58, 59, 60, 61,
62, 63, 64, 65, 73, 74, 78, 79, 80,
81, 119
人道的免除措置　31, 32, 33, 36,
39, 40, 42

ふ 行

不遵守手続き　165, 166
普遍的義務　13, 14, 15, 16, 17, 19,
25, 26, 79, 80, 175
普遍的定期審査　88
武力行使の合法性事件　63

ほ 行

保護する責任　58, 62, 66, 73, 74,
77, 126

ま 行

マルテンス条項　34, 35

〈著者紹介〉

松隈　潤（まつくま・じゅん）
1963 年　福岡県生まれ
1992 年　東京大学大学院総合文化研究科国際関係論専攻博士課程単位取得退学
1992 年～ 2009 年　西南学院大学法学部専任講師、助教授、教授（国際法）
2009 年～現在　東京外国語大学大学院総合国際学研究院教授（国際法）
この間、タフツ大学フレッチャー・スクール、ケンブリッジ大学国際学研究センター、ジョージタウン大学国際経済法研究所、マックス・プランク比較公法・国際法研究所にて在外研究に従事する。

〈主要著作〉
（単著）
『国際機構と法』（国際書院、2005 年）
『人間の安全保障と国際機構』（国際書院、2008 年）
（分担執筆）
Hilary Charlesworth and Jean-Marc Coicaud（eds）, *Fault Lines of International Legitimacy*, Cambridge University Press, 2010.
小寺彰・岩沢雄司・森田章夫編『講義国際法　第 2 版』（有斐閣、2010 年）

地球共同体の国際法

著者　松隈　潤

2018 年 9 月 20 日初版第 1 刷発行

・発行者――石井　彰　　　　　　　　・発行所

印刷・製本／モリモト印刷
株式会社
ⓒ 2018 by Jun Matsukuma

KOKUSAI SHOIN Co., Ltd.
3-32-5, HONGO, BUNKYO-KU, TOKYO, JAPAN.
株式会社 **国際書院**
〒113-0033 東京都文京区本郷 3-32-6-1001
TEL 03-5684-5803　　FAX 03-5684-2610
E メール：kokusai@aa.bcom.ne.jp
http://www.kokusai-shoin.co.jp

（定価＝本体価格 2,000 円＋税）
ISBN978-4-87791-294-9 C1032 Printed in Japan

本書の内容の一部あるいは全部を無断で複写複製（コピー）することは法律でみとめられた場合を除き、著作者および出版社の権利の侵害となりますので、その場合にはあらかじめ小社あて許諾を求めてください。

国際法

横田洋三編

国連による平和と安全の維持
—解説と資料

87791-094-8　C3032　　　　　　　　A5判　841頁　8,000円

本書は、国連による国際の平和と安全の維持の分野の活動を事例ごとに整理した資料集である。地域ごとに年代順に事例を取り上げ、①解説と地図、②資料一覧、③安保理などの主要資料の重要部分の翻訳を載せた。

(2000.2)

横田洋三編

国連による平和と安全の維持
—解説と資料　第二巻

87791-166-9　C3032　　　　　　　　A5判　861頁　10,000円

本巻は、見直しを迫られている国連の活動の展開を、1997年以降2004年末までを扱い、前巻同様の解説・資料と併せて重要文書の抄訳も掲載し、この分野における全体像を理解できるように配慮した。

(2007.2)

秋月弘子

国連法序説
—国連総会の自立的補助機関の法主体性に関する研究

906319-86-6　C3032　　　　　　　　A5判　233頁　3,200円

国連開発計画、国連難民高等弁務官事務所、国連児童基金を対象として国連という具体的な国際機構の補助機関が締結する「国際的な合意文書」の法的性格を考察することによって、補助機関の法主体性を検討する。

(1998.3)

桐山孝信／杉島正秋／船尾章子編

転換期国際法の構造と機能

87791-093-X　C3032　　　　　　　　A5判　601頁　8,000円

［石本泰雄先生古稀記念論文集］地球社会が直面している具体的諸課題に即して国際秩序転換の諸相を構造と機能の両面から分析する。今後の国際秩序の方向の学問的展望を通じて現代日本の国際関係研究の水準を次の世紀に示す。

(2000.5)

関野昭一

国際司法制度形成史論序説
—我が国の外交文書から見たハーグ国際司法裁判所の創設と日本の投影

87791-096-4　C3032　　　　　　　　A5判　375頁　4,800円

常設国際司法裁判所の創設に際しての我が国の対応を外交文書・関連資料に基づいて検討し、常設国際司法裁判所が欧米的な「地域」国際裁判所に陥ることから救い、裁判所に「地域的普遍性」を付与したことを本書は明らかにする。

(2000.3)

横田洋三／山村恒雄編著

現代国際法と国連・人権・裁判

87791-123-5　C3032　　　　　　　　A5判　533頁　10,000円

［波多野里望先生古稀記念論文集］「法による支配」を目指す現代国際法は21世紀に入り、危機に直面しているとともに新たなる理論的飛躍を求められている、本書は国際機構、人権、裁判の角度からの力作論文集である。

(2003.5)

秋月弘子・中谷和弘・西海真樹　編

人類の道しるべとしての国際法
［平和、自由、繁栄をめざして］

87791-221-5　C3032　　　　　　　　A5判　703頁　10,000円

［横田洋三先生古稀記念論文集］地球共同体・人権の普遍性・正義・予防原則といった国際人権法、国際安全保障法、国際経済法、国際環境法などの国際法理論の新しい潮流を探り、21世紀国際法を展望する。

(2011.10)

小澤　藍

難民保護の制度化に向けて

87791-237-6　C3031　　¥5600E　　A5判　405頁　5,600円

難民保護の国際規範の形成・拡大とりわけOSCEおよびUNHCRの協力、EUの難民庇護レジームの形成・発展を跡付け、難民保護の営為が政府なき世界政治における秩序形成の一環であることを示唆する。

(2012.10)

掛江朋子

武力不行使原則の射程
—人道目的の武力行使の観点から

87791-239-0　C3032　　　　　　　　A5判　293頁　4,600円

違法だが正当言説、妥当基盤の変容、国連集団安全保障制度、「保護する責任論」、2005年世界サミット、安保理の作業方法、学説などの分析を通して、人道目的の武力行使概念の精緻化を追究する。

(2012.11)

国際法

東　壽太郎・松田幹夫編

国際社会における法と裁判

87791-263-5　C1032　　　　A5判　325頁　2,800円

尖閣諸島・竹島・北方領土問題などわが国を取り巻く諸課題解決に向けて、国際法に基づいた国際裁判は避けて通れない事態を迎えている。組織・機能・実際の判決例を示し、国際裁判の基本的知識を提供する。　　　　　　　　　　　　　　(2014.11)

渡部茂己・望月康恵編著

国際機構論［総合編］

87791-271-0　C1032　　　　A5判　331頁　2,800円

「総合編」、「活動編」「資料編」の3冊本として順次出版予定。「総合編」としての本書は、歴史的形成と発展、国際機構と国家の関係、国際機構の内部構成、国際機構の使命など第一線で活躍している専門家が詳説。　　　　　　　　　　　(2015.10)

波多野里望／松田幹夫編著

国際司法裁判所
—判決と意見第1巻（1946-63年）

906319-90-4　C3032　　　　A5判　487頁　6,400円

第1部判決、第2部勧告的意見の構成は第2巻と変わらず、付託事件リストから削除された事件についても裁判所年鑑や当事国の提出書類などを参考にして事件概要が分かるように記述されている。　　　　　　　　　　　　　　　(1999.2)

波多野里望／尾崎重義編著

国際司法裁判所
—判決と意見第2巻（1964-93年）

906319-65-7　C3032　　　　A5判　561頁　6,214円

判決及び勧告的意見の主文の紹介に主眼を置き、反対意見や分離（個別）意見は、必要に応じて言及する。事件概要、事実・判決・研究として各々の事件を紹介する。巻末に事件別裁判官名簿、総名簿を載せ読者の便宜を図る。　　　　　(1996.2)

波多野里望／廣部和也編著

国際司法裁判所
—判決と意見第3巻（1994-2004年）

87791-167-6　C3032　　　　A5判　621頁　8,000円

第二巻を承けて2004年までの判決および意見を集約し、解説を加えた。事件概要・事実・判決・主文・研究・参考文献という叙述はこれまでの形式を踏襲し、索引もまた読者の理解を助ける努力が施されている。　　　　　　　　　(2007.2)

横田洋三／廣部和也編著

国際司法裁判所
—判決と意見第4巻（2005-2010年）

87791-276-5　C3032　　　　A5判　519頁　6,000円

1999年刊行を開始し、いまや国際法研究者必読の書として親しまれている。第4巻は2005-2010年までの国際司法裁判所の判決および勧告的意見を取上げ、事件概要・事実・判決・研究を紹介する　　　　　　　　　　　　　　　(2016.8)

横田洋三／東壽太郎／森喜憲編著

国際司法裁判所
—判決と意見第5巻

87791-286-4　C3032　　　　A5判　539頁　6,000円

本書は2011－2016年までの国際司法裁判所が出した判決と勧告的意見の要約および開設を収録している。判決・勧告的意見の本文の紹介を主な目的とし、反対意見・分離意見は必要に応じて「研究」で言及した。　　　　　　　　　　　(2018.1)

横田洋三訳・編

国際社会における法の支配と市民生活

87791-182-9　C1032　　　　四六判　131頁　1,400円

［jfUNU レクチャー・シリーズ①］　東京の国際連合大学でおこなわれたシンポジウム「より良い世界に向かって－国際社会と法の支配」の記録である。本書は国際法、国際司法裁判所が市民の日常生活に深いかかわりがあることを知る機会を提供する。　　　　　　　　　　　(2008.3)

内田孟男編

平和と開発のための教育
—アジアの視点から

87791-205-5　C1032　　　　A5判　155頁　1,400円

［jfUNU レクチャー・シリーズ②］　地球規模の課題を調査研究、世界に提言し、それに携わる若い人材の育成に尽力する国連大学の活動を支援する国連大学協力会（jfUNU）のレクチャー・シリーズ②はアジアの視点からの「平和と開発のための教育」　　　　　　　　　　　　　(2010.2)

国際法

井村秀文編

資源としての生物多様性

87791-211-6　C1032　　　　　A5判　181頁　1,400円

［*if*UNU レクチャー・シリーズ③］気候変動枠組み条約との関連を視野にいれた「遺伝資源としての生物多様性」をさまざまな角度から論じており、地球の生態から人類が学ぶことの広さおよび深さを知らされる。
(2010.8)

加来恒壽編

グローバル化した保健と医療
—アジアの発展と疾病の変化

87791-222-2　C3032　　　　　A5判　177頁　1,400円

［*if*UNU レクチャー・シリーズ④］地球規模で解決が求められている緊急課題である保健・医療の問題を実践的な視点から、地域における人々の生活と疾病・保健の現状に焦点を当て社会的な問題にも光を当てる。
(2011.11)

武内和彦・勝間 靖編

サステイナビリティと平和
—国連大学新大学院創設記念シンポジウム

87791-224-6　C3021　　　　　四六判　175頁　1,470円

［*if*UNU レクチャー・シリーズ⑤］エネルギー問題、生物多様性、環境保護、国際法といった視点から、人間活動が生態系のなかで将来にわたって継続されることは、平和の実現と統一されていることを示唆する。
(2012.4)

武内和彦・佐土原聡編

持続可能性とリスクマネジメント
—地球環境・防災を融合したアプローチ

87791-240-6　C3032　　　　　四六判　203頁　2,000円

［*if*UNU レクチャー・シリーズ⑥］生態系が持っている多機能性・回復力とともに、異常気象、東日本大震災・フクシマ原発事故など災害リスクの高まりを踏まえ、かつグローバル経済の進展をも考慮しつつ自然共生社会の方向性と課題を考える。
(2012.12)

武内和彦・中静 透編

震災復興と生態適応
—国連生物多様性の 10 年と RIO ＋ 20 に向けて

87791-248-2　C1036　　　　　四六判　192頁　2,000円

［*if*UNU レクチャーシリーズ⑦］三陸復興国立公園 (仮称) の活かし方、生態適応の課題、地域資源経営、海と田からのグリーン復興プロジェクトなど、創造的な復興を目指した提言を展開する。
(2013.8)

武内和彦・松隈潤編

人間の安全保障
—新たな展開を目指して

87791-254-3　C3031　　　　　A5判　133頁　2,000円

［*if*UNU レクチャー・シリーズ⑧］人間の安全保障概念の国際法に与える影響をベースに、平和構築、自然災害、教育開発の視点から、市民社会を形成していく人間そのものに焦点を当てた人材を育てていく必要性を論ずる。
(2013.11)

武内和彦編

環境と平和
—より包括的なサステイナビリティを目指して

87791-261-1　C3036　　　　　四六判　153頁　2,000円

［*if*UNU レクチャー・シリーズ⑨］「環境・開発」と「平和」を「未来共生」の観点から現在、地球上に存在する重大な課題を統合的に捉え、未来へバトンタッチするため人類と地球環境の持続可能性を総合的に探究する。
(2014.10)

日本国際連合学会編

21 世紀における国連システムの役割と展望

87791-097-2　C3031　　　　　A5判　241頁　2,800円

［国連研究①］平和・人権・開発問題等における国連の果たす役割、最近の国連の動きと日本外交のゆくなど「21 世紀の世界における国連の役割と展望」を日本国際連合学会に集う研究者たちが縦横に提言する。
(2000.3)

日本国際連合学会編

人道的介入と国連

87791-106-5　C3031　　　　　A5判　265頁　2,800円

［国連研究②］ソマリア、ボスニア・ヘルツェゴビナ、東ティモールなどの事例研究を通じ、現代国際政治が変容する過程での「人道的介入」の可否、基準、法的評価などを論じ、国連の果たすべき役割そして改革と強化の可能性を探る。
(2001.3)

国際法

日本国際連合学会編
グローバル・アクターとしての国連事務局

87791-115-4　C3032　　　　A5判　315頁　2,800円

[国連研究③] 国連システム内で勤務経験を持つ専門家の論文と、研究者としてシステムの外から観察した論文によって、国際公務員制度の辿ってきた道筋を振り返り、国連事務局が直面する数々の挑戦と課題とに光を当てる。　　　　(2001.5)

日本国際連合学会編
国際社会の新たな脅威と国連

87791-125-1　C1032　　　　A5判　281頁　2,800円

[国連研究④] 国際社会の新たな脅威と武力による対応を巡って、「人間の安全保障」を確保する上で今日、国際法を実現するために国際連合の果たすべき役割を本書では、様々な角度から追究・検討する。　　　　(2003.5)

日本国際連合学会編
民主化と国連

87791-135-9　C3032　　　　A5判　344頁　3,200円

[国連研究⑤] 国連を初めとした国際組織と加盟国の内・外における民主化問題について、国際連合および国際組織の将来展望を見据えながら、歴史的、理論的に、さらに現場の眼から考察し、改めて「国際民主主義」を追究する。　　　　(2004.5)

日本国際連合学会編
市民社会と国連

87791-147-2　C3032　　　　A5判　311頁　3,200円

[国連研究⑥] 本書では、21世紀市民社会の要求を実現するため、主権国家、国際機構、市民社会が建設的な対話を進め、知的資源を提供し合い、よりよい国際社会を築いていく上での知的作用が展開される。　　　　(2005.5)

日本国際連合学会編
持続可能な開発の新展開

87791-159-6　C3200E　　　　A5判　339頁　3,200円

[国連研究⑦] 国連による国家構築活動での人的側面・信頼醸成活動、平和構築活動、あるいは持続可能性の目標および指標などから、持続可能的開発の新しい理論的、実践的な展開過程を描き出す。　　　　(2006.5)

日本国際連合学会編
平和構築と国連

87791-171-3　C3032　　　　A5判　321頁　3,200円

[国連研究⑧] 包括的な紛争予防、平和構築の重要性が広く認識されている今日、国連平和活動と人道援助活動との矛盾の克服など平和構築活動の現場からの提言を踏まえ、国連による平和と安全の維持を理論的にも追究する。　　　　(2007.6)

日本国際連合学会編
国連憲章体制への挑戦

87791-185-0　C3032　　　　A5判　305頁　3,200円

[国連研究⑨] とりわけ今世紀に入り、変動著しい世界社会において国連もまた質的変容を迫られている。「国連憲章体制への挑戦」とも言える今日的課題に向け、特集とともに独立論文、研究ノートなどが理論的追究を展開する。　　　　(2008.6)

日本国際連合学会編
国連研究の課題と展望

87791-195-9　C3032　　　　A5判　309頁　3,200円

[国連研究⑩] 地球的・人類的課題に取り組み、国際社会で独自に行動する行為主体としての国連行動をたどり未来を展望してきた本シリーズの第10巻目の本書では、改めて国連に関する「研究」に光を当て学問的発展を期す。　　　　(2009.6)

日本国際連合学会編
新たな地球規範と国連

87791-210-9　C3032　　　　A5判　297頁　3,200円

[国連研究⑪] 新たな局面に入った国連の地球規範：感染症の問題、被害者の視点からの難民問題、保護する責任論、企業による人権侵害と平和構築、核なき世界の課題など。人や周囲への思いやりの観点から考える。　　　　(2010.6)

国際法

日本国際連合学会編

安全保障をめぐる地域と国連

87791-220-8　C3032　　　　　A5判　285頁　3,200円

[国連研究⑫] 人間の安全保障など、これまでの安全保障の再検討が要請され、地域機構、準地域機構と国連の果たす役割が新たに問われている。本書では国際機構論、国際政治学などの立場から貴重な議論が実現した。　　　　　　(2011.6)

日本国際連合学会編

日本と国連
—多元的視点からの再考

87791-230-7　C3032　　　　　A5判　301頁　3,200円

[国連研究⑬] 第13巻目を迎えた本研究は、多元的な視点、多様な学問領域、学会内外の研究者と実務経験者の立場から展開され、本学会が国際的使命を果たすべく「日本と国連」との関係を整理・分析し展望を試みる。　　　　　　(2012.6)

日本国際連合学会編

「法の支配」と国際機構
—その過去・現在・未来

87791-250-5　C3032　　　　　A5判　281頁　3,200円

[国連研究⑭] 国連ならびに国連と接点を有する領域における「法の支配」の創造、執行、監視などの諸活動に関する過去と現在を検証し、「法の支配」が国際機構において持つ現代的意味とその未来を探る。　　　　　　(2013.6)

日本国際連合学会編

グローバル・コモンズと国連

87791-260-4　C3032　　　　　A5判　315頁　3,200円

[国連研究⑮] 公共圏、金融、環境、安全保障の分野から地球公共財・共有資源「グローバル・コモンズ」をさまざまな角度から分析し、国連をはじめとした国際機関の課題および運動の方向を追究する。　　　　　　(2014.6)

日本国際連合学会編

ジェンダーと国連

87791-269-7　C3032　　　　　A5判　301頁　3,200円

[国連研究第⑯] 国連で採択された人権文書、国連と国際社会の動き、「女性・平和・安全保障」の制度化、国連におけるジェンダー主流化と貿易自由化による試み、国連と性的指向・性自認など国連におけるジェンダー課題提起の書。　　(2016.6)

日本国際連合学会編

『国連：戦後70年の歩み、課題、展望』
（『国連研究』第17号）

87791-274-1　C3032　　　　　A5判　329頁　3,200円

[国連研究⑰] 創設70周年を迎えた国連は第二次世界大戦の惨禍を繰り返さない人類の決意として「平和的生存」の実現を掲げた。しかし絶えない紛争の下、「国連不要論」を乗り越え、いま国連の「課題」および「展望」を追う。　　(2016.6)

日本国際連合学会編

多国間主義の展開

87791-283-3　C3032　　　　　A5判　323頁　3,200円

[国連研究⑱] 米トランプ政権が多国間主義の撤退の動きを強めるなか、諸問題に多くの国がともに解決を目指す多国間主義、国連の活動に日本はどう向き合うのか。若手研究者が歴史的課題に果敢に挑戦する。　　　　　(2017.6)

望月康恵

人道的干渉の法理論

87791-120-0　C3032　　　　　A5判　317頁　5,040円

[21世紀国際法学術叢書①] 国際法上の人道的干渉を、①人権諸条約上の人権の保護と人道的干渉における人道性、②内政不干渉原則、③武力行使禁止原則と人道的「干渉」との関係を事例研究で跡づけつつ、具体的かつ実行可能な基準を提示する。　　　　　　(2003.3)

吉村祥子

国連非軍事的制裁の法的問題

87791-124-3　C3032　　　　　A5判　437頁　5,800円

[21世紀国際法学術叢書②] 国際連合が採択した非軍事的制裁措置に関する決議を取り上げ、決議に対する国家による履行の分析、私人である企業に対して適用される際の法的効果を実証的に考察する。　　　　　　(2003.9)

国際法

滝澤美佐子

国際人権基準の法的性格

87791-133-2　C3032　　　　　A5判　337頁　5,400円

[21世紀国際法学術叢書③] 国際人権基準の「拘束力」および法的性格の解明を目指す本書は、国際法と国際機構の法秩序とのダイナミズムによって国際人権基準規範の実現が促されていることを明らかにする。　　　　　　　　　　　(2004.2)

小尾尚子

難民問題への新しいアプローチ
―アジアの難民本国における難民高等弁務官事務所の活動

87791-134-0　C3032　　　　　A5判　289頁　5,600円

[21世紀国際法学術叢書④] UNHCRのアジアでの活動に焦点を当て、正統性の問題あるいはオペレーション能力の課題を考察し、難民本国における活動が、新しい規範を創りだし、国際社会に定着してゆく過程を描く。　　　　　　　(2004.7)

坂本まゆみ

テロリズム対処システムの再構成

87791-140-5　C3032　　　　　A5判　279頁　5,600円

[21世紀国際法学術叢書⑤] 条約上の対処システム、武力紛争としてのテロリズム対処、テロリズムに対する集団的措置、などを法理論的に整理し、効果的なテロリズムに対する取り組みを実践的に追及する。　　　　　　　　　　(2004.12)

一之瀬高博

国際環境法における通報協議義務

87791-161-8　C3032　　　　　A5判　307頁　5,000円

[21世紀国際法学術叢書⑥] 手続き法としての国際環境損害の未然防止を目的とする通報協議義務の機能と特徴を、事後賠償の実体法としての国際法の限界とを対比・分析することを通して明らかにする。　　　　　　　　　　(2008.2)

石黒一憲

情報通信・知的財産権への国際的視点

906319-13-0　C3032　　　　　A5判　224頁　3,200円

国際貿易における規制緩和と規制強化の中での国際的に自由な情報流通について論ずる。国際・国内両レベルでの標準化作業と知的財産権問題の接点を巡って検討し、自由貿易と公正貿易の相矛盾する方向でのベクトルの本質に迫る。　(1990.4)

廣江健司

アメリカ国際私法の研究
―不法行為準拠法選定に関する方法論と判例法状態

906319-46-7　C3032　　　　　A5判　289頁　4,660円

アメリカ合衆国の抵触法における準拠法選定の方法論を検討する。準拠法選定に関する判例法は、不法行為事件を中心に発展してきているので法域外の要素を含む不法行為を中心に、その方法論を検討し、その判例法状態を検証する。　(1994.3)

廣江健司

国際取引における国際私法

906319-56-4　C1032　　　　　A5判　249頁　3,107円

国際民事訴訟法事件とその国際私法的処理について基礎的な法理論から法実務への架橋となる法情報を提供する。国際取引法の基礎にある法問題、国際私法の財産取引に関する問題、国際民事訴訟法の重要課題を概説した基本書である。　(1995.1)

高橋明弘

知的財産の研究開発過程における競争法理の意義

87791-122-7　C3032　　　　　A5判　361頁　6,200円

コンピュータプログラムのリバース・エンジニアリングを素材に、財産権の社会的側面を、独占(競争制限)、労働のみならず、知的財産並びに環境問題で生じる民法上の不法行為及び権利論の解決へ向けての法概念としても捉える。　(2003.6)

久保田　隆

資金決済システムの法的課題

87791-126-×　C3032　　　　　A5判　305頁　5,200円

我々に身近なカード決済、ネット決済や日銀ネット、外為円決済システム等、資金決済システムの制度的・法的課題を最新情報に基づき実務・学問の両面から追究した意欲作。金融に携わる実務家・研究者および学生必読の書。　(2003.6)

| 国際法 | 外国法 |

森田清隆

WTO体制下の国際経済法

87791-206-2 C3032　　　　　　A5判 283頁 5,400円

WTOのさまざまな現代的課題を考察する。従来の物品貿易に加え、サービス貿易がラウンド交渉の対象になり、投資・競争政策が議論され、地球温暖化防止策とWTO諸規則との整合性が問われている。　　　　　　　　　　　　　　(2010.3)

髙橋明弘

知財イノベーションと市場戦略イノベーション

87791-233-8 C3032　　　　　　A5判 469頁 8,000円

不確実性による知財イノベーションとリスクによる市場競争イノベーションでは、革新を誘引し起動するメカニズムが異なる。この因子を、産業ごとに策定し、知的財産権を含む事業活動の独占禁止法違反の判断過程・規準として適用する。　　　　　　　　　　　　　　(2012.9)

廣江健司

国際私法

87791-265-9 C3032　　　　　　A5判 277頁 2,800円

『国際私法』と題する本書は、国際私法を広義に解して、国際民事関係の事案に対する国際私法による処理について、その解釈の方法論の現在の法状態を概観する。本書によってその法的センスを養成することができるであろう。　　　　(2014.2)

北脇敏一／山岡永知編訳

対訳アメリカ合衆国憲法(絶版)

906319-27-0 C3032　　　　　　四六判 91頁 1,165円

英文と邦文を対照に編集されており、修正された部分は注を施して訳出されている。日米憲法比較のために、日本国憲法とその他の国会法、公職選挙法、内閣法、裁判所法などの関係条項を記し、読者の便宜を図る。　　　　　　　　(1992.7)

北脇敏一／山岡永知編訳

新版・対訳アメリカ合衆国憲法

87791-112-× C3032　　　　　　A5判 93頁 1,500円

新版では最新の研究成果を取り入れ、より厳密な訳出を試みており、建国時アメリカ合衆国デモクラシーの息吹が伝わってくる。法律英語の練習の用途にも叶い、多くの読者の期待に応えうるものになっている。　　　　　　　　　　　(2002.9)

鈴木康彦

註釈アメリカ合衆国憲法

87791-103-0 C3032　　　　　　A5判 311頁 3,400円

アメリカにおける法文化的背景が立法過程と法解釈に与えた影響を探りながら、判例法の解釈を重視しつつ、判例法に抵触する法律の機能・役割に目を配ったアメリカ合衆国憲法の注釈書。　　　　　　　　　　　　　　(2000.12)

矢澤曻治訳

カリフォルニア州家族法
—カリフォルニア州民法典抄訳

906319-06-8 C3032　　　　　　A5判 389頁 6,796円

人的関係、家族法典、統一親子関係法といった構成をとり、カリフォルニア州民法典の家族関係の部分の翻訳である。文献目録と事項索引・法令索引は貴重な資料である。家族法の改正の背景と変遷を記述した解説も有益である。　　　(1989.8)

矢澤曻治訳

ハワイ州家族法
—ハワイ州制定法典抄訳

906319-22-× C3032　　　　　　A5判 389頁 11,650円

実体法とその実体法を機能させる家庭裁判所などの組織及び諸々の手続に関する規定を訳出した。家庭裁判所、離婚、扶養、養子縁組、離婚と別居、児童の保護という構成をとり、解説では、家族法における変化の全体的素描を行った。　　(1992.1)